和の文明の源郷

縄《じょう》文《もん》

木原秀成

ビジネス社

ネットワークで実現する「これからの国づくり人づくり」

※イメージ図

森の神
水の神
土の神
火の神
水神・地神・山神・海神など
自然の神々を祀り穢さない
病気・事故・災厄など、人知で
計り知れないものを畏れ
福
○○家之墓
狩猟・漁猟・農耕などの自然の恵み
に感謝し工芸や芸能を奉納する
家系存続・夫婦和合・長寿など
日々の安心を願い祈る
祭
祀祭政の3つの祈り
祀 生命への祈り　祭 自然へ

ネットワークで実現する「これからの国づくり人づくり」 ※イメージ図

鎮守の杜を中心に
祭祀政一致の生活づくり
マツリゴトで
経済も活性
祀祭政の年中行事
子育ての環境づくり
地域医療の充実
若者が夢や希望をもって
活躍できる社会づくり
Cake shop
八百屋
24次産業の推進

ネットワークで実現する「これからの国づくり人づくり」

※イメージ図

里山資源の活用
自給率の向上
食の学校
有るもの生かしの生活
自然農法の研究
土地のもの活かし
食
自給自足・地産地消を基盤にした食文化の復活
地産地消
仲産仲消
物々交換
水
自然の循環サイクルを破壊しない水資源活用
自然を破壊しない狩猟・採集
海水の活用
潮流発電

ネットワークで実現する「これからの国づくり人づくり」　※イメージ図

たばこ
ラーメン
居酒屋
PET SALON
手作りの価値見直し
総合医療
5つの生命体から捉えた
総合健康医療の促進
地域医療の充実
ボランティアなど
社会貢献の推進
志民交流イベント
世代間交流
生涯現役・智慧の継承・家系の存続
代替医療の研究
社会性を育む子育て
生涯現役の実践

※イメージ図

細企業が共生する経済が実現する

指南書
『しあわせ産業革命』
【ソーシャル・ワーク・ライフ-シェアマーケティング】

三方よしの生かし合い

作って良し 生産者
ALLWin 勝ち=価値
の関係を創ろう!
しあわせ産業をベースにした持続可能経済システム
消費者 買って良し
販売者 売って良し

次産業
第3次産業 サービス業
むすぶ ×
第4次産業 生活者業

ワクワクマーケット

出展資格のある志民

私たちは生産者ですが販売者でも消費者でもあります

志民も志民以外でも利用できる志民割引もある

家庭菜園で収穫しました地域限定で出品しよう(志民Aさん 山梨)

今年もAさんのおいしい味覚を志民価格で買いました。私も手作りのエプロンを出品中です

私達で仕事を作り経済を作るんですワクワク

ビジネスマッチング

信頼の需給関係ができました

Eさんのお米は安心・安全!保証します

加盟店の利用で特典ポイントも付きますよ

張り切っておいしい米を作ってますよ!!(農業 志民Gさん 千葉)

ネットショップにも期間限定で出品します

お客様がうちのお米はおいしいと言われるんです!(飲食業 Hさん 埼玉)

皆さんに喜んでもらえる生きがいを見つけました

政治 官庁 自治体 地域 学術 家庭 産業界 企業

ヒューマンネットワークで実現するワクワクライフ!

ネットショッピング

フリーマーケット

加盟店

志民ネットワークだから広報もいろいろな形で

携帯電話でQRコードを読み込むと……製品の情報がすぐ分かります

連動

生活者として開発した製品のQRコードを名刺や会社のパンフ営業車に掲載しPR

もちろんパソコンからも製品の情報は見られます

製品の良さがわかる

開発者の思いが分かる

生産者の声が聞ける

生産現場が見える

地域情報が分かる

連携してPRします　連携して作ります　連携して企画します

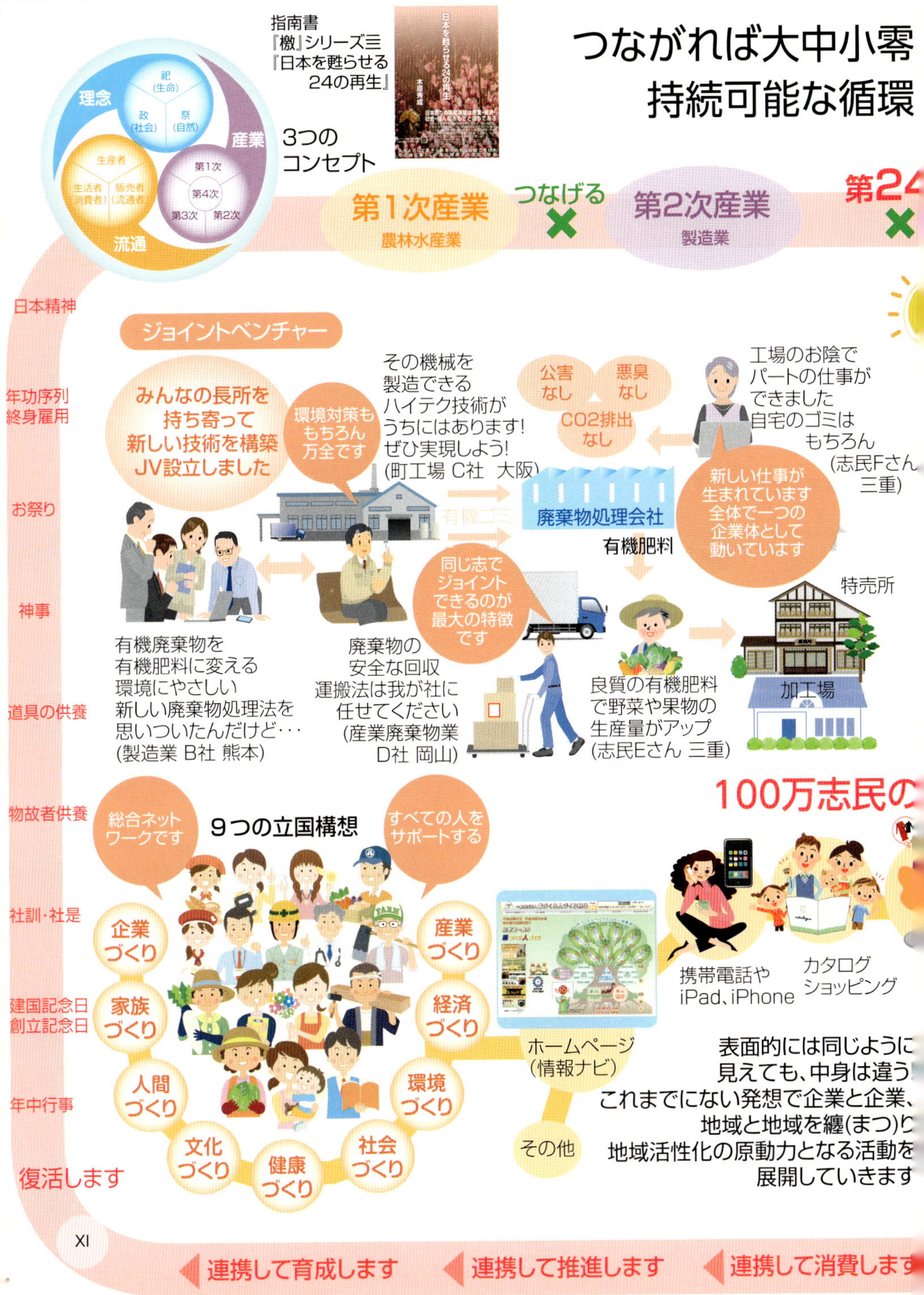
つながれば大中小零
持続可能な循環
指南書
『櫛』シリーズ三
『日本を甦らせる
24の再生』
日本を甦らせる24の再生
木原秀成
理念
祀
(生命)
政
(社会)
祭
(自然)
産業
生産者
生活者
(消費者)
販売者
(流通者)
流通
第1次
第4次
第3次
第2次
3つの
コンセプト
第1次産業
農林水産業
つなげる
×
第2次産業
製造業
第2
×
日本精神
年功序列
終身雇用
お祭り
神事
道具の供養
物故者供養
社訓・社是
建国記念日
創立記念日
年中行事
復活します
ジョイントベンチャー
みんなの長所を
持ち寄って
新しい技術を構築
JV設立しました
環境対策も
もちろん
万全です
その機械を
製造できる
ハイテク技術が
うちにはあります!
ぜひ実現しよう!
(町工場 C社 大阪)
公害
なし
悪臭
なし
CO2排出
なし
工場のお陰で
パートの仕事が
できました
自宅のゴミは
もちろん
(志民Fさん
三重)
有機ゴミ
廃棄物処理会社
有機肥料
新しい仕事が
生まれています
全体で一つの
企業体として
動いています
同じ志で
ジョイント
できるのが
最大の特徴
です
特売所
加工場
有機廃棄物を
有機肥料に変える
環境にやさしい
新しい廃棄物処理法を
思いついたんだけど・・・
(製造業 B社 熊本)
廃棄物の
安全な回収
運搬法は我が社に
任せてください
(産業廃棄物業
D社 岡山)
良質の有機肥料
で野菜や果物の
生産量がアップ
(志民Eさん 三重)
100万志民の
総合ネット
ワークです
９つの立国構想
すべての人を
サポートする
企業
づくり
家族
づくり
人間
づくり
文化
づくり
健康
づくり
社会
づくり
環境
づくり
経済
づくり
産業
づくり
ホームページ
(情報ナビ)
その他
携帯電話や
iPad、iPhone
カタログ
ショッピング
表面的には同じように
見えても、中身は違う
これまでにない発想で企業と企業、
地域と地域を纏(まつ)り
地域活性化の原動力となる活動を
展開していきます
連携して育成します
連携して推進します
連携して消費します

※イメージ図

忘れている資産があなたの身近に山ほどある…
認証・育成・登録・推奨し、日本国の弥栄をめざす

「日本八百万資産」とは…？

日本十二単共生文明・文化を礎にしたライフスタイルを実現する、日本全国の「よき人」「よきもの」「よき心」を、世間に残していく価値ある資産として発掘・認証・育成・登録・推奨します。

【日本八百万資産基準】

日本八百万資産は、下記のいずれかの基準を満たすものとします

その1
生命性、宗教性、文化性、芸術性、科学性、哲学性、倫理道徳性、平和性のいずれかを具現化している。

その2
人々の暮らしを物心の両面で豊かにする文化性がある

その3
生命を共尊する優先性がある

その4
自然と共生する循環性がある

その5
社会を共育する公共性がある

その6
伝統を継承する持続性がある

今の日本が見落としている・気がつかない・
国づくり人づくり財団は「日本《にほん》八百万《やおよろず》資産《しさん》」®を発掘・

日本には
縄文時代から育んできた
「よき人」「よきもの」「よき心」
が生活の中に
息通しています

図解　一万年かけて日本人のDNAに刻まれた縄文のDNA

生活の中に生と死のマツリゴトがあった

①祭祀場

安定したくらしの中でも、いのちあるものが死ぬ、形あるものが壊れる、この何かわからないエネルギーに対して、

＝畏れ↑祈りになる

＝見える形で土偶を作る

＝土偶はいのちを産み出す母体の形

＝畏《おそ》れを鎮《しず》める方法

＝集落の特別な場所に亡くなった人のいのち（骨ではなく魂）と生前使っていた道具を埋葬

＝亡くなった者と生きている者とが地上でつながっていることを示す場

＝いのちは必ず地上に再来する

＝そのために祭りを行う

5500年前に1500年間も同じ集落で定住生活が営まれていた
三内丸山遺跡　写真：青森県教育庁文化財保護課

②祭り

＝いのち（魂）への祭り
＝祈りだった
＝豊作を祈る
＝豊作に感謝し来年も豊作であるように祈る
※穀物の穂を収納する「ホクラ」＝「祠（ホコラ）」には精霊や神々が宿っているとして祀った（これが後に神社になった）↓神社の源郷も縄文にある。
＝皆が一体となりいのちを燃やす場
＝畏れのイメージを消し新しいいのちを得る場
＝いのちの輪廻《りんね》

←

・精霊《しょうりょう》崇拝・自然崇拝・祖先崇拝が自然発生し神的土壌を形成

秋田の大湯環状列石（ストーンサークル）

亡き人と生きている人は一体と考えられ、ストーンサークルには生命の甦りを祈り、いのちを祀《まつ》ったとされる。

秋田の大湯環状列石（ストーンサークル）
写真：PIXTA

整備された集落

三内丸山《さんないまるやま》遺跡《いせき》は一五〇〇年の定住跡

北黄金貝塚（北海道伊達市）の水場は二〇〇〇年間使われていた

集落…住居・墓・倉庫・櫓《やぐら》・宿泊施設、共同作業所、高床式倉庫、土器製造所、燻製食品加工所、食料貯蔵庫、飲料用の水場、下水用水場、ゴミ捨て場、粘土採掘穴などの計画的な配置

水場の祭祀場（北黄金貝塚）
写真：伊達市教育委員会

復元された高床倉庫（三内丸山遺跡）

300人以上収容可能な
大型竪穴住居の内部（三内丸山遺跡）

六本柱の大型掘立柱建物
高さ約15m（三内丸山遺跡）

神聖なる水場

飲用の水場と、下水用の水場がすでにあった。四季と共に成長する木にも、人間と同じいのちが宿る。そのいのちをいただき、人は道具を作る。人間と同じいのちが、自分たちのために道具として生き、そしていずれ壊れて死んでいく。水の祭祀場《さいしじょう》では、使われなくなった道具の供養がなされている。それは、道具のいのちを土に返し、新たに甦《よみがえ》る＝生命の循環への祈りだった。

復元された貝塚（北黄金貝塚）　写真：Fotolia

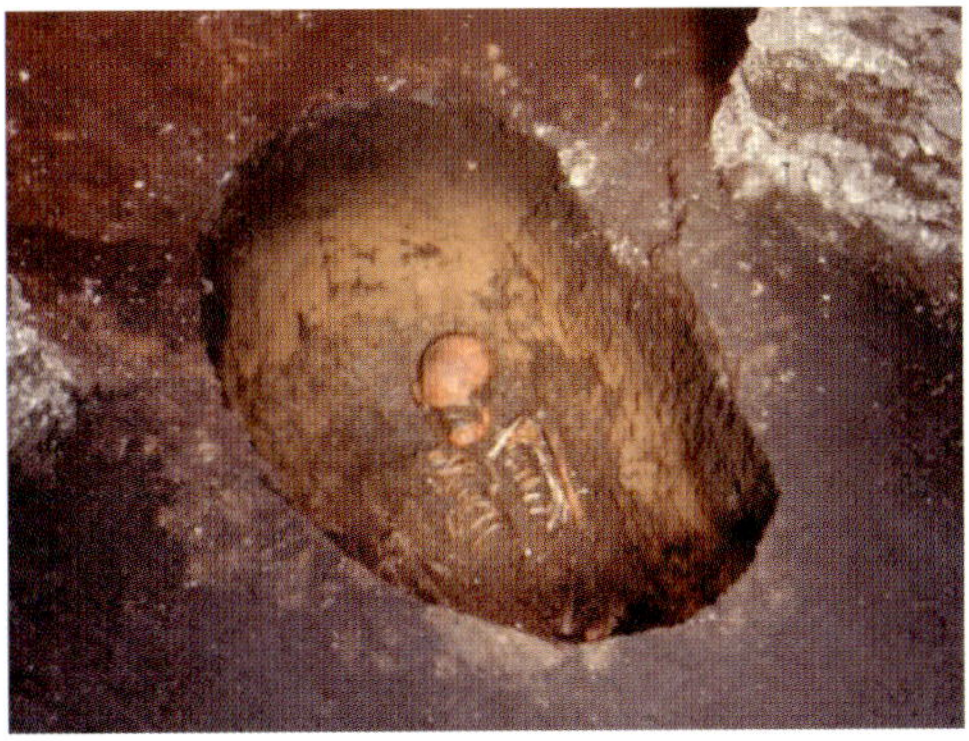

北黄金貝塚からは縄文時代前期の墓が14基見つかり、人骨は手足を折り曲げた「屈葬」という姿勢で、墓の上には土器や石皿が供えられていた。
写真：伊達市教育委員会

捨て場（小牧野遺跡）　写真：青森市教育委員会

食糧を貯蔵するための土坑（小牧野遺跡）
写真：青森市教育委員会

世界一の豊かな恵み&グルメ

一五〇〇種もの食の豊かさ

貝塚などの発掘で、一五〇〇種もの動植物を食べている世界一のグルメ。

貝二七〇種　魚二〇〇種

ほ乳類二〇種　鳥八〇種　海草九〇種　など

・グルメの証拠に、虫歯も多い。

・また、味覚も六味、七味が認識できる。

中国料理五味、西洋料理四味とされ、昆布などの「旨味」、お茶などの「渋味」は日本人ならでは。

味の豊かさも、縄文が原点というわけだ。

日本近海の容積は全海洋のわずか〇・九%にすぎないが、全海洋生物種数のうち全体の一四・六%にあたる約二三万種が出現する。海洋生物は世界一多種。

縄文のびっくり話。え！こんなに広範囲で交易

現在の日本地図と同じ範囲で交流があった。

海域別の生物多様性

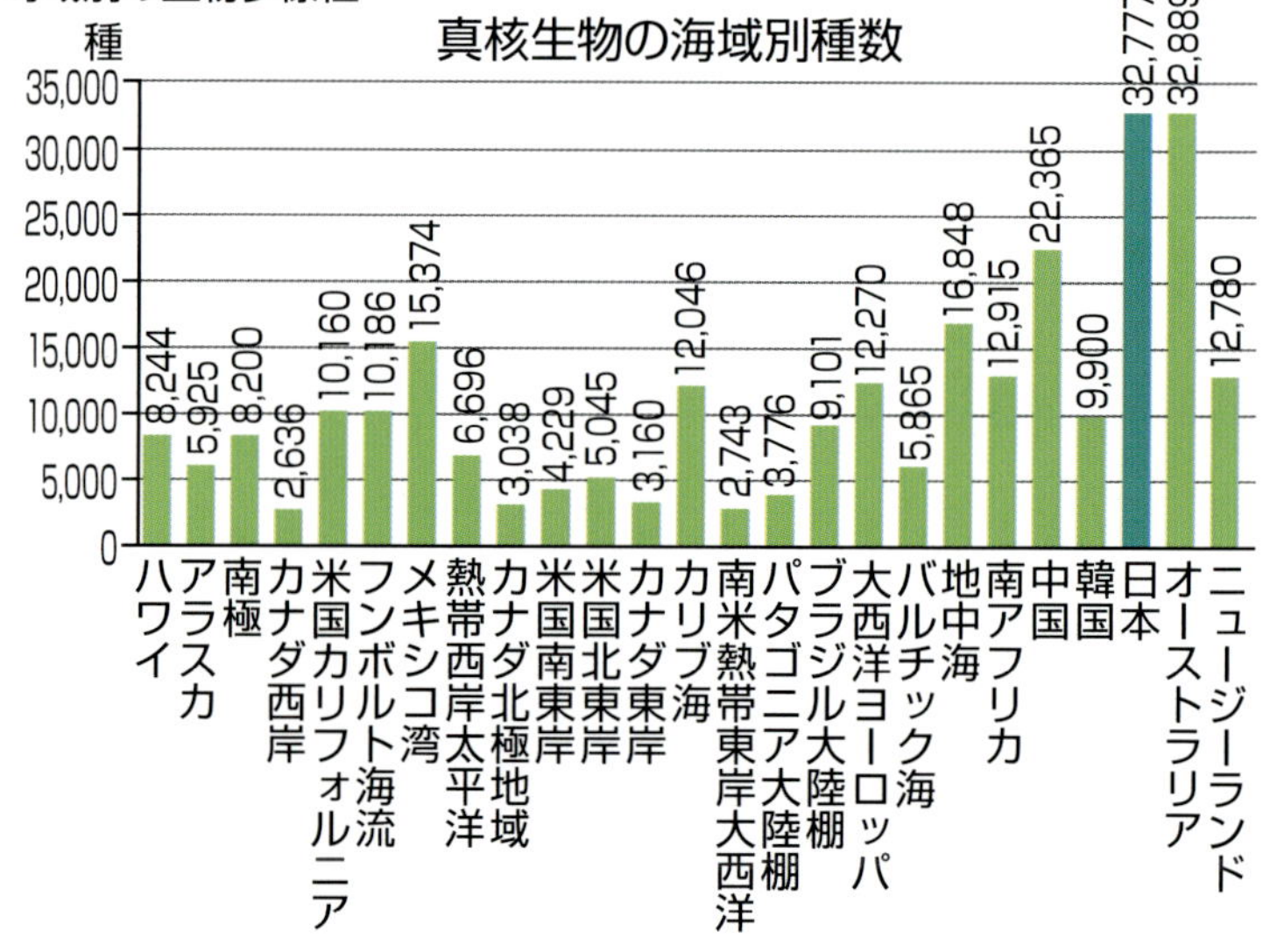

新潟糸魚川周辺の翡翠、秋田の天然アスファルト（瀝青《れきせい》）、岩手久慈の琥珀《こはく》、北海道の黒曜石《こくようせき》などが出土。各地で交易をして持ち帰り加工していた。

また、奄美や沖縄諸島で取れたイモガイも東日本で見つかっていることから、航海技術も想像をはるかに超えている。また、土器・石器・土偶を周辺の村に配給していた。

生活・道具

①建造物

大型竪穴式住居（早期には村があった）／直径一mの栗の巨木を使った大型掘立柱建物（ランドマークタワーの役割）／高さが約二〇mあった

三内丸山遺跡　六本柱の
大型掘立柱建物
写真：Fotolia

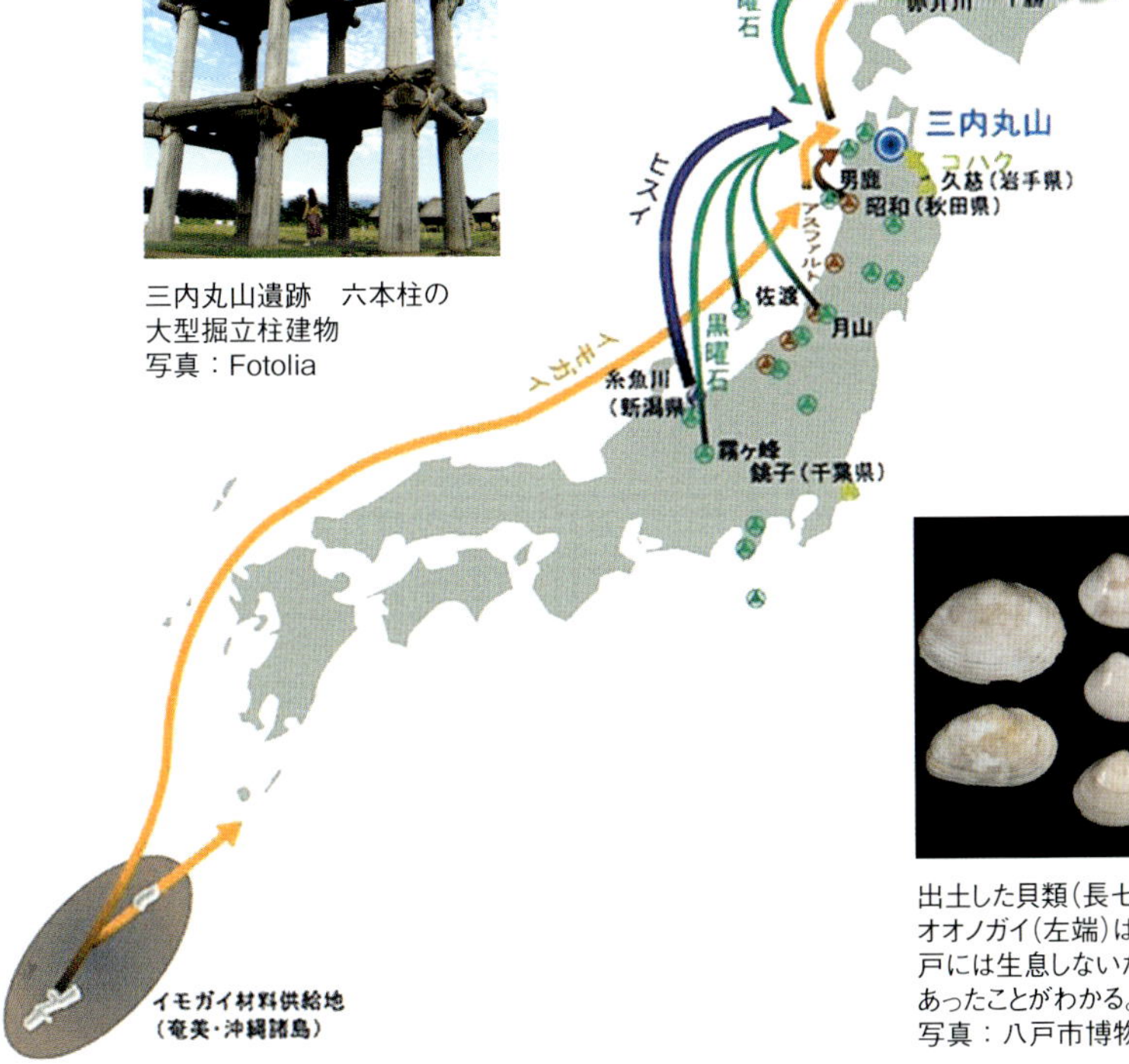

出土した貝類（長七谷地貝塚）
オオノガイ（左端）は、現在の青森県八戸には生息しないため、当時は温暖であったことがわかる。
写真：八戸市博物館

とされる高床／高層建築／三〇〇人以上が収容できるコミュニティーホール／舗装された道

②器

土器（煮炊きする器や急須のような形のものもあった）／骨角器／石器（石斧）木器／漆器（縄文中期には現代と同じ技術だった）

③狩

鹿の角で作ったモリや釣り針／黒曜石の矢じり（トリカブトなどの毒を塗って使うこともあった）／鹿の骨で作ったヤス／イノシシの牙で作った釣り針／石の大小

④漁

入江に追い込む／網を仕掛ける／罠を仕掛ける

⑤猟

落とし穴を作る（穴底には先のとがった棒

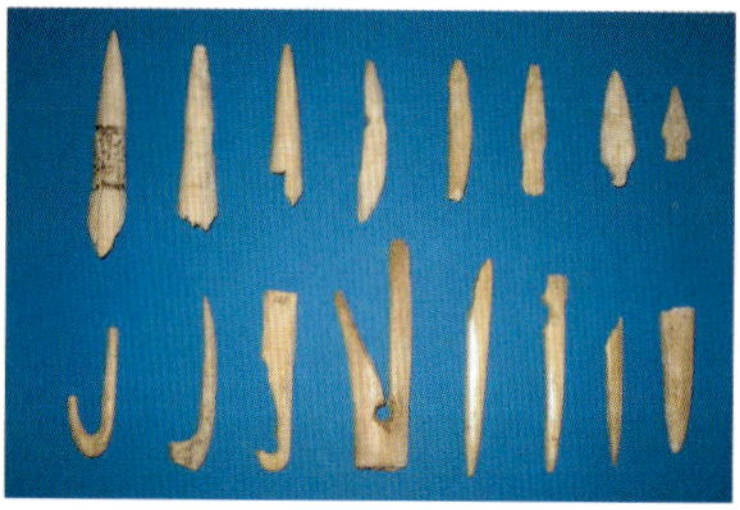

骨角器：釣り針等（二ツ森貝塚出土）
写真：青森県七戸町教育委員会

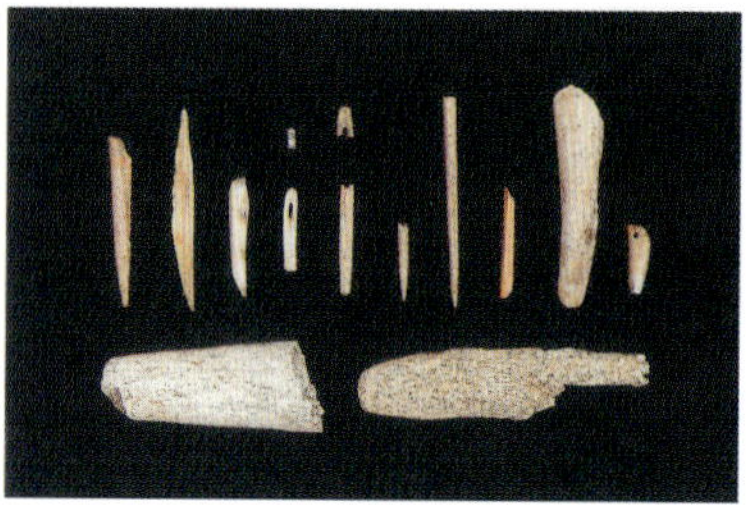

さまざまな骨角器（田小屋野貝塚出土）
写真：つがる市教育委員会

黒曜石の矢じり　写真：Fotolia

石器　写真：Fotolia

を仕掛け落ちると刺さる）／弓矢（漆塗りのものもあった）／犬はすでに狩猟を助けていた

⑥船

丸木舟（漁に使った）一部では列島以外の島々までも自由に行き来するほどの高度な航海技術を持っていた

⑦道具

石鍬《いしくわ》／鎌／木槌など／道具はあっても武器は見つかっていない

⑧祭り

土偶／ミニチュア土器／岩偶／楽器／三角形土製品／石棒／石冠など

⑨装飾品

耳飾り／首飾り／腕輪／鹿の骨のかんざし／赤い漆塗りの櫛《くし》

⑩衣類

麻糸で布をつくり赤土や黄土で染めた／鹿など

マツリと祈りの道具：土製品・石製品（大湯環状列石出土）
写真：鹿角市教育委員会

丸木舟（南鴻沼遺跡出土）
写真：さいたま市教育委員会

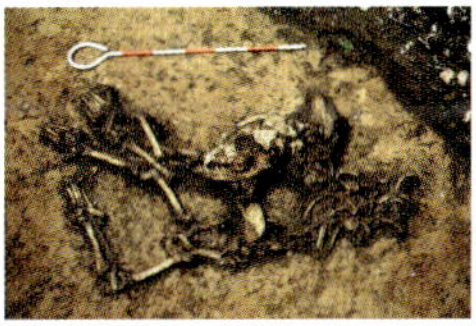

幼犬の骨（二ツ森貝塚出土）埋葬された状態で検出。縄文人と犬の関係が密接であったことを示す　写真：青森県七戸町教育委員会

たくさんの土偶（三内丸山遺跡出土）
写真：青森県教育庁文化財保護課

三内丸山遺跡では約1900点もの土偶が見つかっている。そのほとんどは板のように扁平で十字型をしており、「板状土偶」とよぶ。

釣り針（入江・高砂貝塚出土）
写真：洞爺湖町教育委員会

の毛皮を着て、靴も履いていたと土偶から考えられている

⑪風呂

日本各地の古代遺跡には温泉を利用した跡や浴室の痕跡が発見されている／長野県上諏訪駅前の遺跡調査では、硫化した黒い物質がこびりついた岩が出土し、縄文時代の人びとが温泉を利用していたのではないかと考えられている／石を敷き詰めたへこみでたき火をする、石が熱くなったらたき木をどけて水を流し込む

⑫その他

ランプのようなもの／鹿の骨の縫い針／正確な長さの単位や、測定技術もあった

食事…世界一のグルメ

①穀類・豆類

アワ／ヒエ／きび／うるち米／もち米／そば／えごま／緑豆他

数を表現する土版（大湯環状列石出土）
写真：鹿角市教育委員会

縄文ファッション

②野菜

ごぼう／のびる／アブラナ／緑豆（葉）／えごま（葉）／サトイモ／えびいも／ながいも／みょうが／しょうが／うど／たら／ふき他

③果実類

栗／クルミ／やまぶどう／木イチゴ／あけび／さるなし／またたび他

④肉類

イノシシ／鹿／たぬき／熊／きじ／鴨／うずら／すずめ／つぐみ／くじら／イルカ／ウサギ／ムササビ／カモ他

⑤魚介類

たい／ひらめ／あなご／めばる／まぐろ／かつお／海老／かに／しゃこ／マダイ／ブリ／ヒラメ／はまぐり／あさり／かき／赤貝／わかめ／ひじき／こんぶ／天草などの海草他

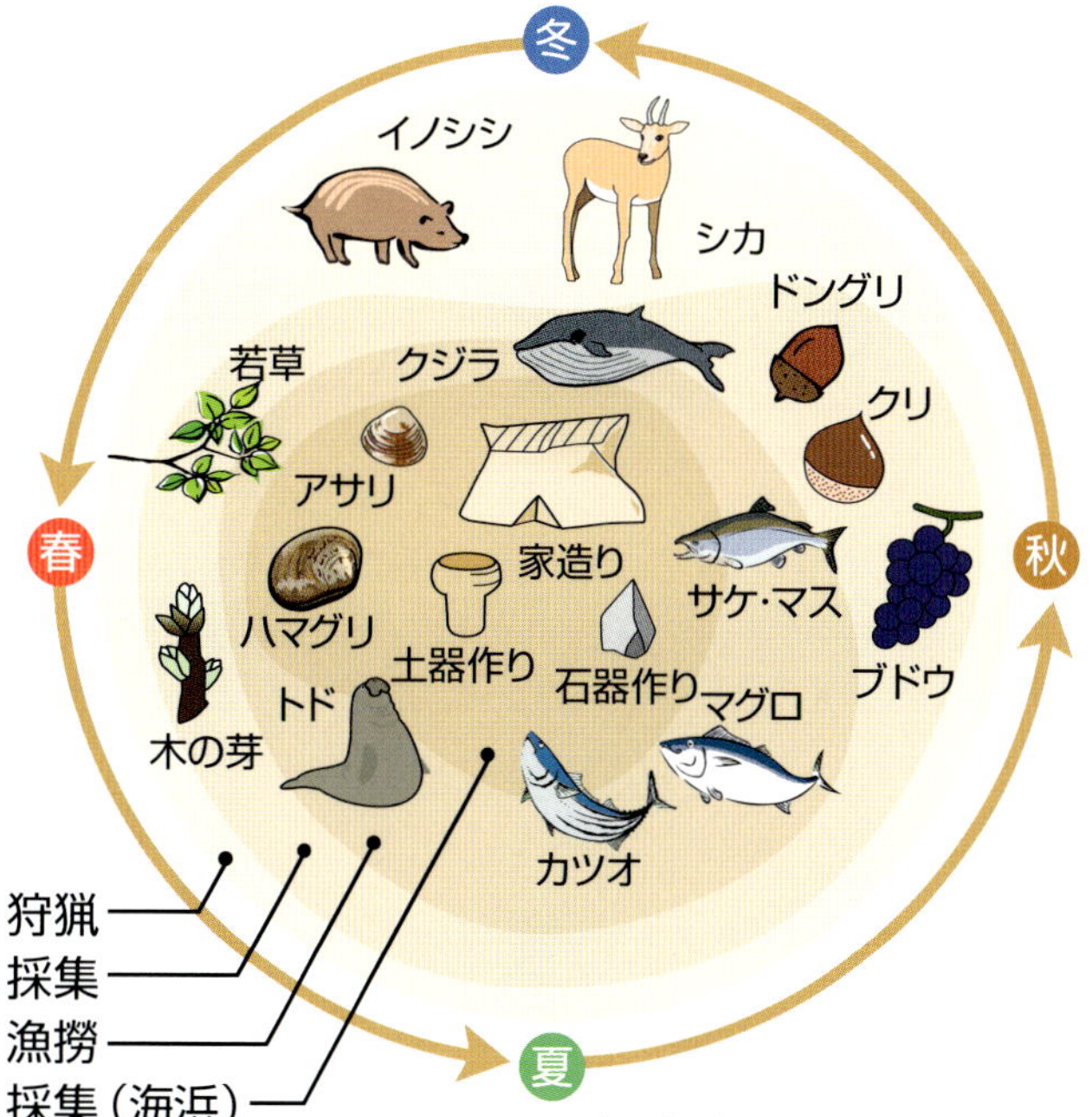

縄文人の四季の暮らし

⑥**調味料他**

醬《ひしお》／塩／甘草《かんぞう》／酢／魚醤《ぎょしょう》／酒／山椒《さんしょう》／蜂蜜／わさび他

⑦**調理法**

ゆでる／焼く／煮る／炒る／蒸す／乾燥する／アクを抜く／デンプンをとる／くん製／塩漬け／酢漬け／粉に加工／発酵

⑧**栽培**

ヒョウタン／豆／えごま／ごぼう／栗／アワ／きびなどを栽培し品質管理していた

⑨**料理**

スープ／焼き魚／焼き芋／焼き栗／干し魚団子／団子汁／蒸し団子／笹団子／魚、鹿、イノシシの肉…燻製／やまぶどう、木イチゴ、さるなしの実…発酵させて酒に／海水から塩を作る／蜂蜜、花の蜜／きび…摘んだその日に足で踏んで粒を取り出す／アワ…満月がやせ細るまで日に干し、天気の良い日にむしろに広げ、足で踏んで粒を取り出し、風にあおって殻をとばす

縄文人の多様力・循環力・応用力・柔軟力・情報力・工夫力・味覚力・自然順応力・環境適応力等々、調べれば調べるほど驚嘆《きょうたん》を覚えます。

はじめに　日本文明の基底にある縄文文明

寒冷化した地球が、約一万六〇〇〇年前温暖化に向かい、地殻変動によって現在の日本列島が誕生しました。そして、海に囲まれた海洋性気候によって、豊かな恵みを育む森林が、世界中のどこの地域よりも先に日本列島を覆いました。

それと同時に出現した土器によって縄文文明は幕開けしたのです。また、文字を持たなかったと言われますが、今の日本とほぼ同じ国土の中で縄文土器は作られました。食べ物も技術も、みんなで分かち合い育てる。これが縄文文明の大きな特徴です。土器は世界各地から発見されていますが、土器の発生＝煮炊きに使うという文化は縄文だけです。

地球の温暖化は海面を上昇させ、入り組んだ谷は海になり、豊かな森に育まれた漁場になる。日本近海の容積は、世界のわずか一％にも満たないのに、海洋生物の約一五％が生息。世界一の食材の多さを誇り、味覚も六〜七種を持つのは日本人だけ（西洋四種・中国五種）です。遺伝子的に見ても日本人は特異です。

狩猟採集時代（新石器時代）までで文明と言えるものを持っていたのは、縄文人と北アメリカ先住民のみと言われています。どちらもモンゴロイドで、後にマヤ文明を作った人種でもあります。

言葉も、母音を中心とした日本語だけが右脳と左脳を両方使い分けるという独自の進化を見せます。

そして、あらゆるものを融和・親和させる精神土壌を持つ民族は、古来からあらゆるいのちを祀り（精霊崇拝・祀）、自然の営みそのものを神として崇め（自然崇拝・祭）、生命の源を敬った（祖先崇拝・政）。これが日本独特の宗教観であり霊性です。それが惟神の道として日本文明の基底にあり、それを形に残したのが縄文土器や土偶であります。

故・岡本太郎氏など現代美術の巨匠も、土偶には今の自動車などに使われている最新式の形状があると賞嘆し、現代社会にも通用する高い精神性と芸術性・独自性を持ち、それを自由に表現した文化だと口を揃えています。

生命との交流・自然との交流・技術の交流・物の交流などモノづくりの原点を含むあらゆる日本文明の基底が縄文にあります。

やがて日本列島は、小寒冷期に入り、東日本で発展した文明は南下します。また南九州では、争いに明け暮れていた大陸の人たちが稲作技術を持って日本に逃れて来て弥生時代を迎えますが、さして争い事もなく単一民族化しました。

縄文文明を研究すればする程、宇宙の普遍性を礎とした「和の文明」であり、日本文明及び日本人の精神観の基底になっていることがわかりました。

聖徳太子が制定した十七条の憲法の第一条にある「和を以て貴しと為す」の意味も理解できました。

また、宇宙の普遍性はフラクタル構造（四〇頁）になっており、吉野裕子氏が説かれている「もどき化」によって顕現されることも突き止めました。

カール・G・ユング（一八七五年～一九六一年）が説いている「集合的無意識」の底にある「原型（霊層）」こそ縄文文明であり、世界が失った元型が今もって日本及び日本人の精神観（アイデンティティー）として基底にあるのです。誠にもって驚嘆すべきことです。

今、地球は一四世紀に始まったルネサンス（文芸復興）運動を契機として、一七六〇年の産業革命に端を発した経済グローバリズムは、ますます世界経済を破綻へと向かわせ、生命・自然・社会を崩壊させながら制御不能になりつつあり、破滅か継承（創造）かの選択に迫られています。

その根幹にあるのは唯物論哲学・科学にもとづく欧米着せ替え支配文明であり、その中心核にあるのは「経済（金）」です。

この経済グローバリズムを大変革しない限り地球と世界の未来は見えないにもかかわらず、いまだ明確な答えを見い出せていません。しかし、その答えが日本文明に内包されている和の文明、その基底にある縄文文明に見出せるのです。それを小生は「生命コスミカリズム」と呼んでいます。

コスミカリズムとは、宇宙の普遍性つまり自然の摂理で、中心核にあるのが「生命」です。今、時代は経済グローバリズムから生命コスミカリズムへと大転換しつつあります。

日本は経済グローバリズムによって、明治（ホップ）大正（ステップ）昭和（ジャンプ）と解体され、平成の今、仕上げの最終段階にあります。だからこそ、次に備えるため和の文明の源郷にある縄文文明及び縄文人の精神観を礎とした、生命コスミカリズムの価値体系のもと、「新日本創成」の胎動を起こさねばなりません。

小生は考古学・歴史学の専門家ではありませんので、まさに、ジグゾーパズルを完成させる作業のごとくでした。ジグゾーパズルには、全体像としての完成図もあり、それを埋めこむ切片（ピース）もありますが。

しかし、縄文文明は、おぼろげながらの全体図はあるものの、どれだけの切片が全体で必要なのか、見当のつかない作業でした。そして、その切片を捜し出し、それをつなげて作業を進め完成させていくために真言密教の曼荼羅的宇宙観と、推理と仮説と霊智を働かせねばなりませんでした。

できるだけ図解をいれ、象徴体系図（三三頁）と摂理体系図（九〇頁）にもとづき、唯我独尊で本書の目的である縄文人の精神観をまとめました。

恐らく、縄文人の精神観をこのようなかたちでまとめたのは、小生がはじめてだと思いますので、推理小説を読むがごときだと思いますが、読者諸氏の感性で一読賜りますれば幸甚に存じます。

目次

第二章　縄文文明の時代年表

第三章　縄文文明形而上的象徴体系図

第四章　縄文文明形而下的摂理体系図

第五章　日本は世界の縮図

第六章　次に備えるために！　現代版縄文ふるさと村おこし

付章　縄文にタイムスリップしたような思いを抱いたサンマリノ共和国への旅

第一章

人類は本当に進化してきたのか？
世界の八つの未来潮流

人類は本当に進化してきたのか？
世界の八つの未来潮流が縄文時代に既にあった日本

有史以来、特に産業革命以降、文明は自然科学偏向の進化と開発のもと発展しながら現代に至っていますが、その潮流を大雑把《おおざっぱ》にまとめると次のようになります。

①成熟化　②共存化　③大衆化　④都市化
⑤平等化　⑥融和化　⑦中流化　⑧平和化

この八つの未来潮流が既に縄文時代にあったと言ったら読者の皆さまには「そんなはずはない」「でたらめだ」「著者の妄想だ」等々、いろいろと手厳しいご批判を受けるかもしれません。制御不能になっている現代の「支配」とは対極にある「共生」にもとづくものですが、内容的には輪《りん》円相応《えんそうおう》です。

以下、それを現代と縄文を対比しながら述べてみます。

①成熟化

技術が進歩してくると、あらゆるものがその技術力によって高度化され、手作りから機械化によってより洗練化されていきます。それに伴って経済もますます豊かになり、価値観も多様化しライフスタイルや生活意識も成熟化します。

特に女性の意識変革が起こり人生観も変わり、子供を産み育てる価値よりも、豊かで自由な生き方の価値を優先するようになります。これが少子化の大きな原因の一つです。

←縄文時代は温暖な気候条件に恵まれ、食糧などの生活環境は極めて良好であったため、争いのない平和的で成熟した社会が築かれました。

子供を産む本能力を持っている女性は尊敬され、産めよ増やせよと現在の少子高齢化とは逆の成熟化された社会でもありました。このＤＮＡ（種）が今の日本人の深（霊）層意識に継承されています。

②共存化

歴史は戦争と平和の連続であり、今なお世界各地で地域紛争が続いていますが、やがて戦い疲れてくるようになり、その過程でお互いが共存しようとする意識変革が起こります。このことは、戦争に限らずあらゆる分野で浸透していきます。

技術交流・生活交流・生産交流・製造交流・文化交流・都市と地方の交流・政治交流・医療交流・経済交流などの情報交換がなされ、それぞれがそれぞれに成長し共存化します。こうして文明は地球レベルで共存化へと進化していきます。

←

縄文時代は、争いのない平和な社会であったことが、歴史的にも証明されています。地域交流もなされており、情報交換し共存（共栄）していました。このＤＮＡ（種）が今の日本人の深（霊）層意識に継承されています。

③大衆化

社会が成熟し共存（共栄）しようとする環境のもと、さらにより豊かな社会の発展を求めるようになり、経済的な機会（チャンス）が増え、それに伴って収入も増えていきます。躍進すさまじい新興国は、まさにそれを証明しているのです。そうなると、それまでは富裕層にしか持てなかったものが、一般大衆でも持てるようになります。

欧米は伝統的な階級社会ですが、それでも貴族しか持てなかったものが庶民大衆に徐々に持てるようになってきています。経済が安定した江戸時代には、武士などの特権階級だけでなく、庶民も文楽や歌舞伎などを楽しみました。

←

縄文時代は、集落ごとの生存のための共同生活であり、食生活も豊かであったため、特別な上下の差別もなく、何事もみんなで分かち合う（大衆化）ことができました。このＤＮＡ（種）が今の日本人の深（霊）層意識に継承されています。

④都市化

社会が意識的・経済的・技術的に進歩すればするほど、環境整備が行われ交通網・情報網も活性化し、人々が集まり都市化が進行していきます。反面、工業化による公害や大規模団地によるゴミなどの問題も生じています。

都市化による活性化が成功した例として江戸の町がありますが、世界一衛生的で二四時間使える上水道。現代でも蛇口をひねれば当たり前に飲み水が出ることや、下水道の整備において、日本は先進国であります。

↓

縄文時代の草創期は、いつでも移動できる棲家《すみか》観ではありましたが、中期・晩期に進むにつれ定住化し、相当に秩序ある集落づくりをしていたことが証明されており、このＤＮＡ（種）が今の日本人の深（霊）層意識に継承されています。

⑤平等化

社会が進化していくと、生活者の意識も高まり、より平等化を求めるようになります。世界の歴史は平等化の歴史でもあるのです。

チュニジアのジャスミン革命の成功はたった一人の勇気ある青年の平等化の戦いから始まりました。最近はこのことの真偽も取りざたされていますが、いずれにしても、アフリカ・中東をはじめ、地球レベルで平等化の変革は続くでしょう。今、世界でいろいろな紛争が起きていますが、民族・宗教・経済・防衛などの対立が深奥《しんおう》にあると考えられ、視点をかえれば平等化革命ともとれるのです。

←

縄文時代は、大衆化のところでも述べましたが、特別な差別もなく、皆が平等な社会でありました。このDNA（種）が今の日本人の深（霊）層意識に継承されています。

⑥融和化

人々の共存共栄意識が高まり、社会の平等化が進行すればするほど、融和《ゆうわ》化に向かっていきます。隣近所同士、国と国同士、利害損得のもめ事は避けなければなりませんが、紆余曲折《うよきょくせつ》あっても最後は融和化していく方がよいとなります。このような繰り返しを重ねながら、社会は進化していくものです。

縄文時代は、共存化・大衆化・平等化と恵まれた環境にあって、自ずと皆が融和化していました。このＤＮＡ（種）が今の日本人の深（霊）層意識に継承されています。

⑦中流化

前述してきたように、社会が経済的にも精神的にも技術的にも進歩すればするほど、人々の生活レベルは平均的に底上げされ、衣食住が中流化されていきます。しかし、かつての日本は一億総中流社会でしたが、今は欧米的格差社会になりつつあります。

縄文時代は、欧米的支配社会でなく共生社会だったので、差別も格差もない中流社会が築かれました。このＤＮＡ（種）が今の日本人の深（霊）層意識に継承されています。

⑧平和化

人々の意識が向上し成熟化・共存化していくと、経済的にも大衆化・都市化が進行します。また、社会も平等化・融和化・中流化していくと、自ずと平和化へと進行します。まさに、意識変革・経済変革・社会変革が実現していくのです。

縄文時代には既にこのような社会が築かれていたのですから驚きです。このDNA（種）が今の日本人の深（霊）層意識に継承されています。

以上「八つの未来潮流」は日下公人《くさかきみんど》氏の世界の七大潮流説を参考に小生なりの視点から八つの未来潮流を予測したものです。現代において進行中の八つの未来潮流と縄文文明とでは、規模と質量において雲泥の差がありますが、既に縄文時代になされていたのです。

本当に人類は進化してきたのでしょうか？　なぜ小生が冒頭にこの章をもってきたかといえば、はじめにも述べたように、今の地球も世界も破滅か継承（創造）かの選択を迫られており、自由と平等をスローガンに経済を中心核として近現代社会を作り上げる過程で、ボタンのかけ違いをしてきたことの間違いを修正し、世界と日本の進むべき指針の答えが縄文文明にあると確信しているからです。

文明は、アクセルとブレーキ、つまり生産力としての経済性と抑制力としての精神性（普遍的宗教性）のバランスがとれてこそ、正常な進化と発展を遂げることができるのですが、自然科学偏向《へんこう》の進化がこのバランスを崩し、経済性と結びつき、精神性を呑み込んで暴走してきました。

高速道路を逆走しているにもかかわらず、順走している方が逆走に見えるボタンのかけ違いをして、これこそが正常と錯覚してきたところに、今日の世界の危機があるのです。

小生は日本文明を、むすひ（多様性の融和＝日本的霊性＝日本アイデンティティー）文明とも十二単衣《じゅうにひとえ》共生文明（百六〇頁参照）とも名称しています。そして、その基底にあるのが宇宙の普遍性をもとに育み築きあげた縄文文明です。

以下の章で順次それを述べてみます。

第二章

縄文文明の時代年表

縄文文明の時代年表

縄文文明は一万二〇〇〇年以上続いた文明ですから簡単に述べられるものではありません。また、それぞれの時代区分を生きた人たちも多種多様であり、時間軸と空間軸の織りなす壮大にして世界史のどこにもないわが国個有の文明を作りあげました。

一万年をかけて繰り広げられた縄文文明の変化を、現代の環境下で追体験してみると、現在は地球誕生から四六億年を経過していますが、縄文の一万二〇〇〇年を一年で換算してみても三八年はかかるというくらい悠久なる時をかけて営まれてきたのが縄文文明なのです。

それがゆえに、一万二〇〇〇年の長い時間的経過の道程で多種多様な人たちの移住がありながら、その時間軸の中に同化されていったことはまことにもって希有《けう》な文明で、しかも宇宙の普遍性を人類の普遍性の元型として内包し、混迷する世界と日本を救済し得る救世文明として今日まで息通ししてきたことは奇跡としか言いようがありません。

その証拠に、名称こそ変わっても縄文の古来からの神々が今もって都市や田舎に限らず至るところで、神社の神々として共存して祀られており、まさに、世界文明の秘宝であります。神道の源郷も縄文にあると考えられます。

縄文土器型式変遷（関東を中心とする）	時期	年代（14C年代）	事項
豆粒文 隆起線文（古） 隆起線文（中） 隆起線文（新） 押圧縄文（本ノ木） 石小屋 室谷下層 大谷寺Ⅱ・Ⅲ 山居 井草（古） 井草（新） 夏島 稲荷台1 稲荷台2 花輪台Ⅰ	草創期	B.P.12700±500 福井Ⅲ層 B.P.9450±400 夏島貝塚 B.P.9076±240 木の根No.6	隆起線をもつ土器が登場 石鍬《いしくわ》が出現する（小瀬が沢洞穴） 縄文文様を使用する（本ノ木遺跡・室谷洞穴） 関東地方で撚糸文《よりいともん》土器出現 漁撈《ぎょろう》活動が開始し貝塚が作られる（西ノ城貝塚・夏島貝塚） 竪穴住居が作られる（東京天文台遺跡）
花輪台Ⅱ・東山 大浦山2 平坂 三戸（古） 三戸（新） 田戸下層 田戸上層 子母口 野島 **鴨ヶ島台**	早期	B.P.8740±190 鴨崎貝塚 B.P.7290±145 狭間貝塚	小規模な集落が形成されはじめる（花輪台貝塚・成瀬西遺跡） 土偶が作られる 炉穴（屋外炉）・陥《おと》し穴が作られる（飛ノ台貝塚） 遺跡が増大し海進がすすむ（温暖期） 漁撈用骨角器の発達（吉井貝塚）

出典:戸田哲也著『縄文』

早期	前期	期
茅山下層 茅山上層 入海1 入海2 石山 神ノ木台	下吉井 花積(古) 花積(新) 二ツ木 関山(古) 関山(新) 黒浜(古) 黒浜(中) 黒浜(新) 諸磯a 諸磯b(古) 諸磯b(新) 諸磯c 十三菩提(古) 十三菩提(新)	五領ケ台1 五領ケ台2 清水台 勝坂(古) 勝坂(中) 勝坂(新) 加曽利E1(古)

B.P. 6030±135 下組貝塚

B.P. 5100±135 興津貝塚

5000年前

B.P. 4500±110 姥山貝塚

縄文文様が定着し平底土器が一般的となる

炉をもつ方形の竪穴住居が作られて定住化がすすむ

(幸田遺跡)

玦状《けつじょう》耳飾の流行(国府遺跡)

海進のピークを迎え貝塚が増加する(温暖期)

丸木舟や木製品の技術が発達・漆の使用が始まる

(押出《おんだし》遺跡・島浜貝塚)

東日本に環状集落が増加し土器が多量に作られる

(大木囲遺跡・加曽利貝塚)

打製石斧《せきふ》の増加

石棒・土偶などの呪術《じゅじゅつ》的道具が増加

中	後期	晩期
加曽利E1(新) 加曽利E2 加曽利E3(古) 加曽利E3(新) 加曽利E4(古) 加曽利E4(新)	弥名寺1 弥名寺2 堀ノ内1 堀ノ内2 加曽利B1 加曽利B2 加曽利B3 曽谷 安行1 安行2	安行3a(古) 安行3a(新) 安行3b 安行3c(古) 安行3c(新) 安行3d 大洞C(新) 大洞A(古) 大洞A(新) 大洞A
B.P. 4210±125 三反田貝塚	4000年前 B.P. 3570±100 加曽利貝塚 B.P. 3090±122 石神貝塚	B.P. 2990±130 真福寺遺跡 B.P. 2260±130 荒海貝塚
柄鏡形《えかがみがた》住居出現(敷石住居)	土器の用途が分化し多種の器形が作られる 環状列石が作られる(大湯遺跡) 関東・東北に大貝塚が作られる(堀ノ内貝塚・蜆塚《しじみづか》遺跡) 骨角器が盛んに作られる(回転《かいてん》離頭銛《りとうせん》の盛行) 土偶・耳飾りが多く作られる	東北大洞式《おおぼらしき》文化出現(亀ヶ岡遺跡・是川《これかわ》遺跡) 抜歯風習の盛行(吉胡《よしご》貝塚・里浜貝塚) 遮光器《しゃこうき》土偶が作られる 大陸から稲作伝播《でんぱ》(弥生時代へと移行)

出典:戸田哲也著『縄文』

一万年以上も続いた持続可能社会を作りだせたのは、共尊の生活・共生の経済・共育の社会であったからこそ

一万年以上も続いた縄文ですから、気候も生活様式も初期と後期、地域によって違っていますが、最近の発掘調査では高度な文明を持っていたことがわかってきました。

島国であったことも幸いし、四季は巡り自然の恵みは多種、一五〇〇年もの間、同じ場所で生活が営まれる恵まれた環境があり、木々がどんどん大きくなるように、奇跡的な集合と離散と集積を重ねて運命共同体の文明が育まれました。

手入れされた落葉広葉樹の林に囲まれた住居エリアには、数十戸単位が分散し、合計五〇〇戸余りの大集落が形成されていました。それが三内丸山遺跡《さんないまるやまいせき》です。

住居の室内は、四〜五人が住める広さで、中心には石組みがされた火を燃やす場所、天井は煙抜け用の開口があり、集会所もありました。

既に、この頃から飲料用の水場と下水道の水場があり、共同作業を行う土器製造所、食べものの加工所、大切な仲間の墓、道具のいのちの輪廻《りんね》を祈った祭祀場《さいしじょう》としての施設もありました。

日本列島には暖流と寒流が流れ込む豊かな漁場があり、星座を羅針盤として漁場開拓と情報交換・物流、それが六〇〇〇年も前から始められていたのです。

日本人は雑食と言われ、世界一多くの種類の食料を食べてきた民族ということもわかっています。

海と山の食材も豊富で、この豊かな食材から複雑な味覚を会得し、気候が温暖で四季もあり、繊細な表現力が養われました。

そして、宇宙の普遍性に感応し、生命の神秘を観察し、生かされていることを感知し、精霊《しょうりょう》崇拝・自然崇拝・祖先崇拝の豊かな精神観が育まれ、縄文文明が創造されました。

第一章で述べたような未来潮流と時空を超えて重なることにもご理解いただけるのではないで

縄文文明の特色

文明観	共尊の生活観	共生の経済観	共育の社会観
①森の文明・木の文明・海の文明 ②生命・自然・祖先の三位一体文明 ③自然順応文明	①役目を皆で分担し、お互いを共尊する生活 ②集落の周りに囲い（壁）がない（争いごとがない）	①利権を作らないで恵みを分かち合う共生の経済 ②「有るもの生かし」で循環させる	①皆で育てる共育の社会 ②道具はあっても武器はほとんど出土なし

しょうか。

また、三次元を超越した四次元、つまり宇宙の普遍性をテレパシー（感応）的に感じ、三六〇度・上下・左右・前後・表裏・明暗・高低なしの球体的発想を持っていたからこそ、第四章で述べるところの縄文人の精神観が育まれたと思います。

科学偏向の見える世界だけの価値観に翻弄されている現代人にはとても理解できないと思います。

第三章

縄文文明形而上的象徴体系図

縄文文明形而上《けいじじょう》的象徴体系図

縄文文明は一万年以上も昔のことで、形而上と形而下をつなげて解明し体系化することは、難攻不落の城攻めのごとく難しいことでした。

はじめにも述べましたが、全方位から隣接する元・型・形などを交錯させ、裾野を広げ、真言密教の曼荼羅《まんだら》的宇宙観と、推理と仮説と霊智を働かせ、深い瞑想に入り宇宙創成の始元までタイムスリップして形而上的象徴体系図にまとめました。

学際を超え拙著の参考にさせていただいたカール・G・ユング、ネリー・ナウマン、その師匠的存在であるミルチャ・エリアーデ、エーリッヒ・ノイマン、山内清男氏、田中基氏、小林達雄氏、湯浅泰雄氏、安田喜憲氏、上野佳也氏、大林太良氏、野尻抱影氏、吉野裕子氏、梅棹忠夫氏、梅原猛氏、江上波夫氏、勅使河原彰氏、吉田敦彦氏、南方熊楠氏、中沢新一氏、上田篤氏、上山春平氏、大島直行氏、重松明久氏、千田稔氏、渡辺豊和氏、石田一良氏、佐治芳彦氏、山崎泰廣氏、山本七平氏、立花隆氏、桜沢如一氏、井本英一氏、菅田正昭氏、他さまざまな先師先徳に感謝です。

とにかく誤謬《ごびゅう》を恐れずに左図の縄文文明形而上的象徴体系図と相関体系をもとに順次述べてみます。

相関体系

縄文文明形而上的象徴体系図

本義	祀祭政	三義	大脳生理学	ユング心理学	心理学	形象原理	動力	波動原理	構成原理	性器	造化地神	新造化三神	型象原理	造化三神	造化三星	象理原理	元・型・形
95		34	47		66 ～ 38					85 ～ 48						91	頁
むすひ（多様性の融和）																宇宙	象徴
共尊	祀	蒸す・掬す	古皮質	元型（無我）	霊層意識	△	中心力	中心軸	間性（三性原理）	母胎（子宮）		天照大神	╳	天之御中主神	北極星	間象	
共生	祭	産霊	旧皮質	集合的無意識	潜在・深層意識	○	求心力	右まわり	陽性（男性原理）	精子（男性性器）	イザナギ	須佐之男神		高御産巣日神	北斗七星	潜象	
共育	政	産す	新皮質	自我意識	顕在意識	□	遠心力	左まわり	陰性（女性原理）	卵子（女性性器）	イザナミ	月夜見神		神産巣日神	月星	顕象	
万物・万象は多様化して顕在化される																	

※形而上…目には見えないが確実に存在している現代科学で計測できる限界値の10^{-18}（10のマイナス18乗）cm以下の素粒子（クオーク）が充満している世界

縄文文明の形而上の始元にあるのは「むすひ」

日本人の精神観（霊性）とは何でしょうか。今の国家も国民もこのことがわからなくなっており、考えたことすらない人も多く、さらにその基底が縄文文明にあると気づいている人は皆無に近いのではないでしょうか。

縄文人は、宇宙森羅万象に普遍している、目に見えるもの〔体エネルギー・顕象《けんしょう》世界・□〕、目に見えないもの〔生エネルギー・潜象《せんしょう》世界・〇〕、両方を兼ね備えている三性具有のエネルギー〔命エネルギー・間象世界・△〕をテレパシー（感応）的に感知していました。この生・命・体の異質を融和《ゆうわ》して循環させる霊的な力を「むすひ（多様性の融和＝神＝日本的霊性）」と呼びますが、自然界に存在する万物を「むすひの分霊《わけみたま》」として大切にしてきました。

その本質は「間性（＋女性）原理」中心です。「むすひ」には三義あり、本義は「共尊・共生・共育」で、これこそが祀祭政《しさいせい》一致の日本精神（霊性）でもあり惟神《かんなが》らの道に通じるものです。

「むすひ」には三義あり、本義は共尊・共生・共育の三位一体

民俗宗教史家の菅田正昭先生は、神道の霊性をあらわす言葉のひとつを「むすひ（むすび）」

と言われています。

「むす」は「うむす（産む）」から「う」が脱落した形で「むすひ」には少なくとも三義あり、小生の解釈を縄文文明形而上的象徴体系図をもとに、相関体系と連動して述べてみます。

1　蒸《む》す・掬《むす》ぶ（むすひ・ひ＝日にあらず霊）……命・共尊

①北極星
②天之御中主神
③X
④天照大神
⑤母胎（子宮）
⑥間性（三性原理）
⑦中心軸
⑧中心力
⑨△
⑩霊層意識
⑪元型（無我）
⑫祀
⑬共尊
⑭古皮質

本義は共尊の霊性が内包されています。

蒸す・掬《むす》ぶは女性の母胎（子宮）を象徴し、産霊の精子と産すの卵子を結合させる三性具有の命エネルギーのことです。

弥生以降①の北極星②天之御中主神《あめのみなかぬしのかみ》（△）が④天照大神《あまてらすおおみかみ》に入れ替わります。

2　産霊（むすひ・ひ＝日にあらず霊）……生・共生

①北斗七星
②高御産巣日神
③〜
④須佐之男神
⑤イザナギ
⑥精子（男性性器）
⑦陽性（男性原理）
⑧右まわり
⑨求心力
⑩○
⑪潜在・深層意識
⑫集合的無意識
⑬祭
⑭共生
⑮旧皮質

本義は共生の霊性が内包されています。

産霊は男性の精子を象徴し、産すの女性の卵子と結合させようとする生エネルギーのことです。

弥生以降、①北斗七星②高御産巣日神《たかみむすびのかみ》（○）が④須佐之男神《すさのおのみこと》（豊受大神）に入れ替わります。

3　産す（むすひ・ひ＝日にあらず霊）……体（死）・共育

①月星
②神産巣日神
③
④月夜見神
⑤イザナミ
⑥卵子（女性性器）
⑦陰性（女性原理）
⑧左まわり
⑨遠心力
⑩□
⑪顕在意識
⑫自我意識
⑬政
⑭共育
⑮新皮質

本義は共育の霊性が内包されています。

産すは女性の卵子を象徴し、産霊の男性の精子と結合させ生命体を顕現させようとする体エネルギーのことです。

その生命体はやがて死を迎え、母胎に還り、再生して甦ります。

弥生以降、①月星②神産巣日神《かみむすびのかみ》（□）が④月夜見神（月讀神《つくよみのかみ》）に入れ替わります。

縄文文明を理解するためには、万物の構成原理を知らねばならない

縄文文明と弥生文明以降、現代に至るまでの象徴体系は逆転したので、どうしても万物の構成原理を知ることが縄文文明解明には必要になります。縄文は、陰性原理が表（上）で陽性原理が裏（下）ですが、弥生以降は、陽性原理が表（上）で陰性原理が裏（下）になっています。

万物の構成原理…万物は、間性と陰性と陽性の三つの要素で構成されており、間性（三性）原理・陰性（女性）原理・陽性（男性）原理の三種類になる

①間性（三性）原理

間性原理とは内面も外面もなく、環境に応じて陰性（女性）原理にも陽性（男性）原理にも千《せん》変万化《ぺんばんか》する三性具有です。

万物は、陰性・陽性・間性の相補《そうほ》関係で成り立っており、間性とは、水のようなもので、平素は液体ですが、固体（陰）にも気体（陽）にも千変万化（権化《ごんげ》）するという性質のことです。

②陰性（女性）原理

陰性原理とは
内面：陽性（男性）原理
外面：陰性（女性）原理
中面：間性（三性）原理
外への作用は陰性（女性）原理中心

陰性・陽性の原理は、原理が動く時は「外面」が動かしますが、本質は「内面」にあります。環境に応じて陰性にも陽性にも千変万化するのが「間性」です。陰性原理と陽性原理には、図のようにもともと中間に「間性」がありますが、現在の欧米文明にはこの概念がなく認めていないので、間性原理があるのは日本文明だけです。

③陽性（男性）原理

陽性原理とは

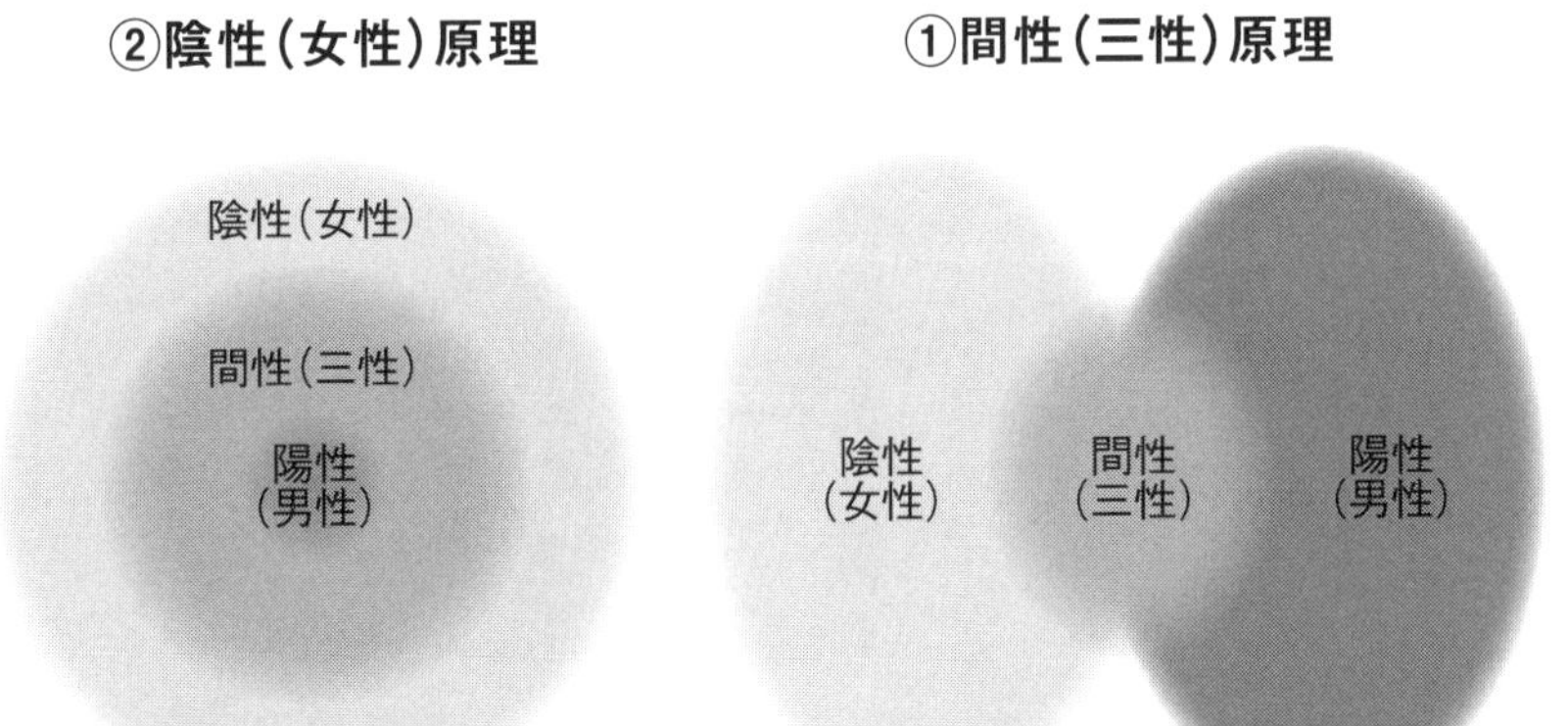

②陰性（女性）原理　①間性（三性）原理

内面：陰性（女性）原理
外面：陽性（男性）原理
中面：間性（三性）原理

陰性・陽性・間性の違いはなかなか理解できにくいかもしれませんが、物事を表から見た場合、表が表で、裏が裏になりますが、裏から見れば、裏が表で、表が裏になるように、同じ物でも、見方によって変わり、間性はどちらにも成り得るということです。

縄文は女性上位で、大王（女王）も女性だったと思います。平安時代の入り婿慣習や、現代でも女性が結婚する時、実家の家紋のままというのも縄文の慣わしが残っているのではないでしょうか。

③陽性（男性）原理

③陽性（男性）原理

宇宙の普遍性はフラクタル（相似）構造になってもどき化され顕現する

日本は宇宙の縮図と言えるのですが、それを最新の物理学として注目を集めている「フラクタル理論」から紐解いてみましょう。

ある固形の任意の一部を取り出したとき、それが全体の相似形となります。大きな宇宙が小さな宇宙を創り出し、その小さな宇宙がさらに小さな宇宙を創り出し、それが永遠に続くということです。宇宙のすべてのものがこうしたフラクタル構造であり、一つの雛型を広げれば我々の家族、それを広げれば宇宙も家族です。

次の図を見てください。

宇宙は螺旋《らせん》状で生滅流転をくり返している永遠普遍の存在です。そして地球上に存在する万物

天・人・地の相関図

すべてが螺旋状（龍体）

天	天体	星雲	
人	人体	胎児の姿	
地	地球の大陸	日本	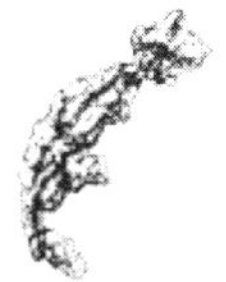
		世界	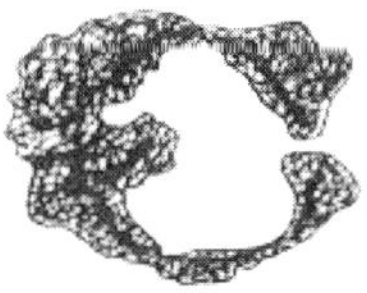

遺伝子も螺旋

螺旋の中心はすべての始まり

北極星を中心として星群

「ちょん」の周りに
螺旋ができる

大陸の内側の日本は
「ちょん」ここに日本の
不思議さがある

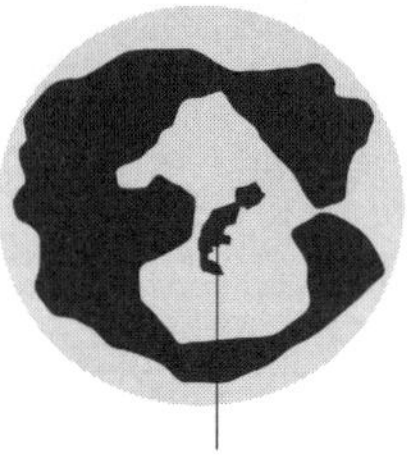

日本の周りを
螺旋状の大陸がある

万象は宇宙から生み出されており、すべては螺旋状になっています。

宇宙の中にある銀河系は螺旋の形をしていますが、これを龍体とも言います。星雲の形は言うまでもなく螺旋状で、人間の胎児の姿も、日本列島も、世界の地形も渦巻きになっています。螺旋も渦巻きも究極をつきつめると波動ということです。

人間の遺伝子やつむじも渦巻き状です。このようにさまざまなものが、宇宙の縮図になってもどき化されています。そして、螺旋の中心「ゝ（ちょん）」はすべての始まり（始元）であり、そこから周りができるのです。つまり、万物・万象の根源は宇宙の普遍性・摂理の波動であり、すべてのものの象理は波動の顕現《けんげん》なのです。

地球も同じ構造になっていて、世界地図を見ていただくと、内側の中心である日本が「ゝ（ちょん）」で、そのシンボルが×であり、周りを大陸が取り巻いています。ここに日本に内包されている不思議さがあります。縄文文明の基底にこれが内包されているということは、縄文人はこのことを知っていたと考えられます。

フラクタルはシンボル化・モチーフ化・モザイク化される

縄文文明は宇宙の普変性の✕（元型）がフラクタル理論のもと、すべてにおいてシンボル化・モチーフ化・モザイク化されています。これは縄文にかかわらず世界で見受けられることですが、それがそのまま現代まで継承されているのは日本文明だけだということは先述しました。シンボル化を深く観察・洞察してみると、○・△・□の三種類の形象原理が基底にあることを発見しました。

そして、この形象原理から摂理体系のところで述べている縄文人の八つの精神観（アイデンティティー）を見出すことができるのです。元型・シンボル・モチーフ・モザイクを①②③④で示してみます。

元・型（シンボル）・形（モチーフ）象理展開図

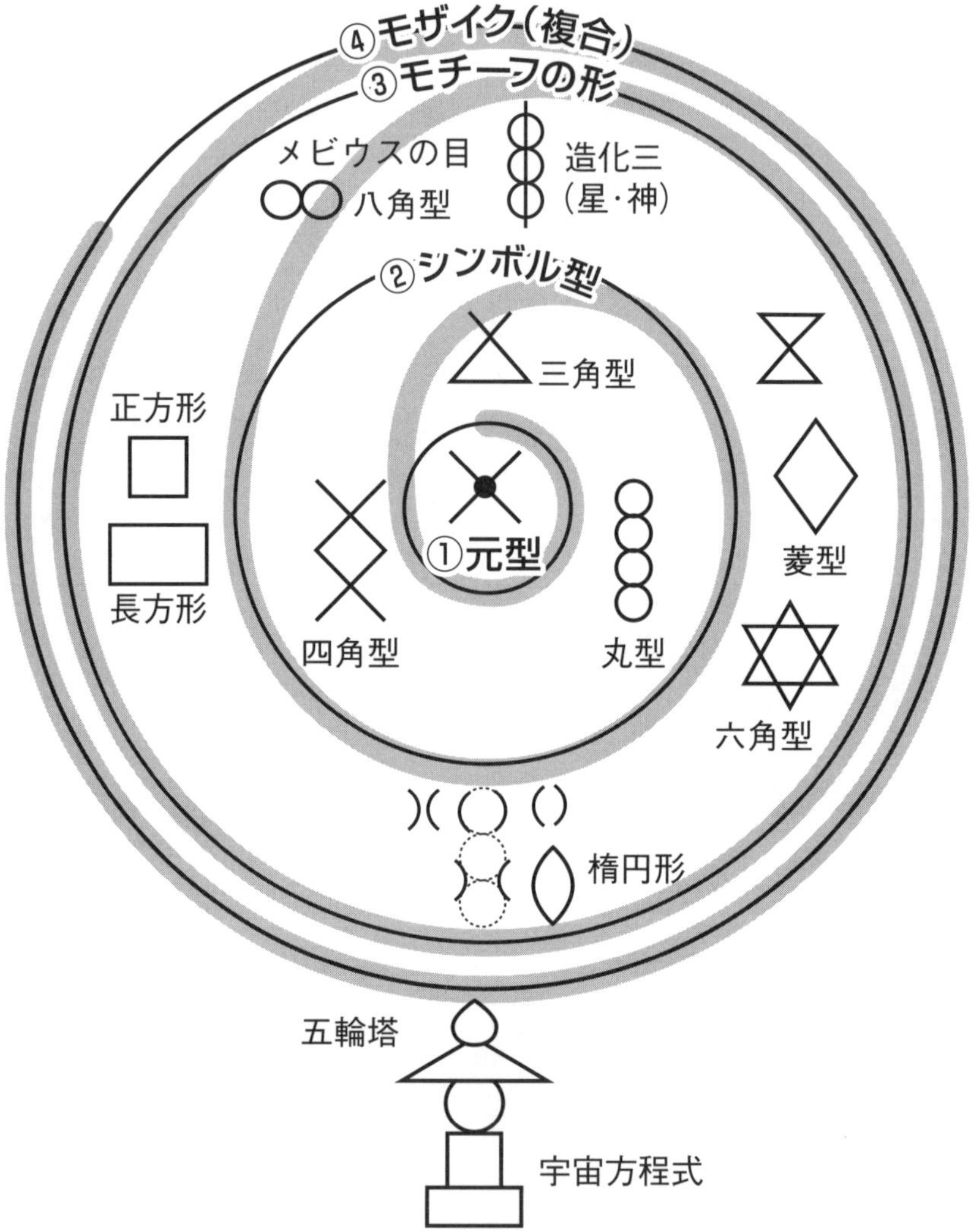

×の始元が○△□にシンボル化され
それが組み合わさってモチーフ化され、
さまざまな形象が顕現する

宇宙の普遍性は「もどき化」されシンボル化・モチーフ化・モザイク化している

日本文明は「型の文明」と言われ、何事をするにおいても「型から入れ」ということを大切にしています。

そのとおりで、縄文人は宇宙の普遍性を霊的なインスピレーションで感じとり、吉野裕子氏が言われているように「もどき化」してシンボル化・モチーフ化・モザイク化しています。

このような能力を医学者の角田忠信博士は、「日本人は右脳と左脳を融通《ゆうずう》できる能力を持っているからできる」と言われています。

小生は縄文文明を解明するために、縄文の権威と言われている山内清男《やまのうちすがお》氏（一九〇二年〜一九七〇年）をはじめ、さまざまな研究者の文献を丹念に研究し、縄文遺跡の象徴である三内丸山にも訪れ、研究と分析を重ねてきました。

しかしながら、これらのシンボル化・モチーフ化・モザ

2008.6.6　三内丸山遺跡　一般竪穴住居

イク化や土器をはじめさまざまな遺跡・遺物から、縄文文明の象徴・摂理を体系化するのには、衣食住をはじめさまざまな要因を複合的に洞察し、宇宙の普遍性に踏み込み、真言密教の曼荼羅《まんだら》的宇宙観と、推理と仮説と霊智を働かせ、深い瞑想に入り、相当の時間を要しました。そして、アーサー・ケストラー氏（一九〇五年～一九八三年）の著書『ホロン革命』と斎藤守弘氏の著書『神々の発見』、大谷幸市氏の著書『人類最古の縄文文明 図解 縄文大爆発』に巡り会うことによって、体系化の確信を得ることができました。シンボル・モチーフ・モザイクについては大谷幸市氏の『人類最古の縄文文明 図解 縄文大爆発』のご著書の中に精密詳細に整理されていて確認することができ、『神々の発見』では、既存の縄文学説を凌駕する超考古学的な視点の確得を、『ホロン革命』では現代に息通している縄文精神観（アイデンティティー）の体系化の確証をすることができました。

これも、推理と仮説と霊智を超越した、目には見えないが偉大なる宇宙大霊のお導きがあったればこそと感謝しております。

三内丸山遺跡　六本柱の大型掘立柱建物

そして、縄文人の宇宙意識（土）、霊層意識（根）、深層意識（根株）、潜在意識（幹）、顕在意識（枝）の縄文人精神観樹ができあがりました。詳しくは第四章で述べますが、驚愕《きょうがく》すべきは、それがそのまま現代の日本文明・文化・日本人の精神観（アイデンティティー）として継承されているのです。

例えば、

なぜ略奪がないのか？　　なぜ奴隷制度がないのか？

なぜ寛容性があるのか？　なぜゾンビのごとく立ち直るのか？

なぜ忍耐強いのか？　　　なぜ統制がとれるのか？

等々、この摂理体系図を見ていただければご理解いただけると思います。

縄文土器も宇宙の普遍性をシンボル化・モチーフ化・モザイク化している

縄文の草創期には紋様のないものもありますが、ほとんどの土器にはさまざまな紋様が施されています。これがなぜだか解明されていません。

小生は、形而上《けいじじょう》的象徴体系図で述べたように、宇宙の普遍性や性的なものをもどき化しシンボル化・モチーフ化・モザイク化したものと考えています。

土器は一般的には祭祀用とか煮炊き用とか言われています。壷の口は宇宙の母胎（子宮）をシンボル化し、その周りに宇宙のさまざまな性質や働きをモチーフ化・モザイク化しているし、母胎（子宮）の中に食糧を入れてさまざまな食料を作ったり、祭祀《さいし》用に使われたようですが、普遍性と交合《まぐわ》う呪術性や宗教性が秘められていると考えます。

縄文といえば土器と言われるくらい多種多様の土器が出土しているのは、地域それぞれの惟神《かんながら》の道があったと考えられます。ですから、土器の模様を見れば縄文文明が見えてくるのです。しかし、見れば見るほどその多様性には驚かされます。

小生は日本文明を〝むすひ＝多様性の融和《ゆうわ》〟文明とも十二単衣《じゅうにひとえ》共生文明とも定義していますが、その礎が縄文にあったのです。つまり、日本文明は一万六〇〇〇年の積み重ねの歴史がある世界最古の文明なのです。

縄文文明の元型は×にある

①元型×（螺旋元型）

マークは、石川県真脇遺跡の縄文前・中期遺跡から出土した土器の側面、諏訪大社御柱祭りに使われる柱の根元、福井県鳥浜貝塚から出土した縄文草創期の斜格子沈線文土器、そして、島根県神庭荒神谷《かんばこうじんだに》から出土した弥生遺跡の銅剣、同加茂岩倉から出土した銅鐸などにも見られます。

考古学者、民俗学者、民族学者は長い間〝謎のマーク〟として研究されていますが、この×マ

斜格子沈線文土器　縄文時代草創期
福井県鳥浜貝塚出土
写真：福井県立若狭歴史博物館

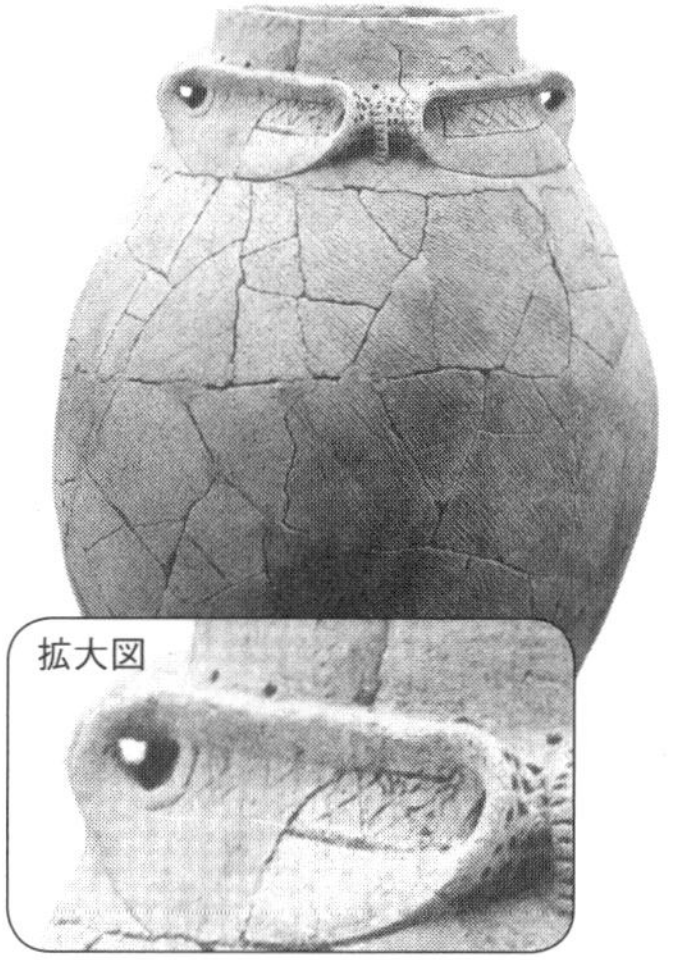

古府式 有孔鍔付土器　中期中葉
石川県真脇遺跡出土
写真：真脇遺跡縄文館

古尾谷八幡神社の千木　写真：Fotolia

諏訪大社御柱根元
斎藤守弘著
『神々の発見』参考

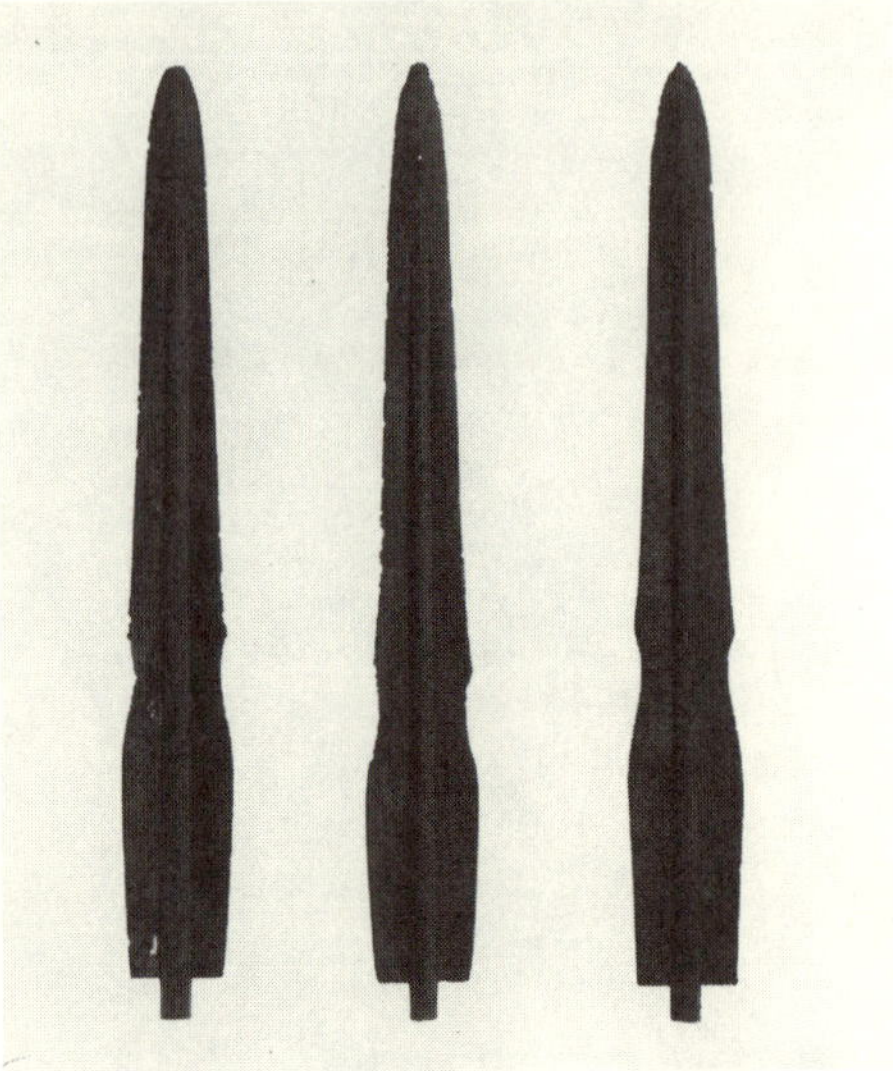

弥生遺跡の銅剣
荒神谷遺跡から出土したものの358本のうち344本の茎（なかご）部分に「×」印が刻まれていた。神庭荒神谷遺跡出土
文化庁所蔵　写真：古代出雲歴史博物館

二見興玉神社の
厄除けの注連縄

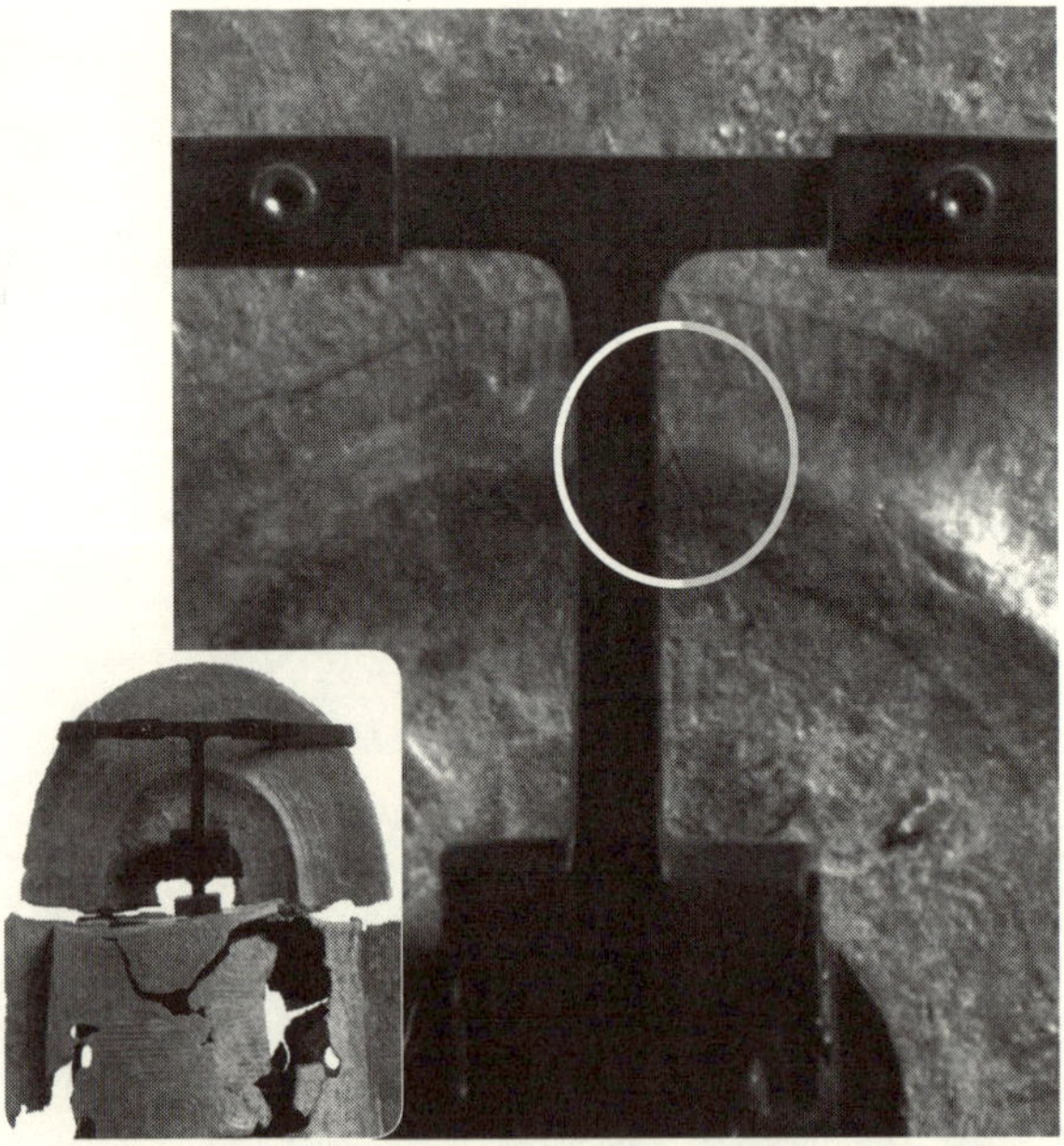

加茂岩倉遺跡出土　第11号銅鐸の鈕の部分「×」マーク
文化庁所蔵　写真：古代出雲歴史博物館

ークは日本だけでなく世界に広く分布して確認されています。

小生は、斎藤守弘氏説の奥域に踏み込み探求した上で、×こそが縄文の造化三星（三神）で中心が北極星であり、生死再一如の三性具有を内包した宇宙造化の命エネルギーの始元星のシンボルであり、／が生エネルギーの顕現の働きをする北斗七星のシンボルで、＼が体エネルギーの顕現の働きをする月星のシンボルと解釈しています。

つまり、北極星は母胎（三性具有・間性原理）であり、卵子としての月星（陰性・女性原理）、精子としての北斗七星（陽性・男性原理）の二位一体ということです。

月星は生命が満潮で生まれ干潮で死ぬといわれるように体エネルギーの顕現の働きをし、北斗七星は人間の身体には七つのチャクラが背骨を中心に配列されており、その七つのチャクラこそ、生エネルギーの顕現の働きをする北斗七星という解釈が成り立つのです。

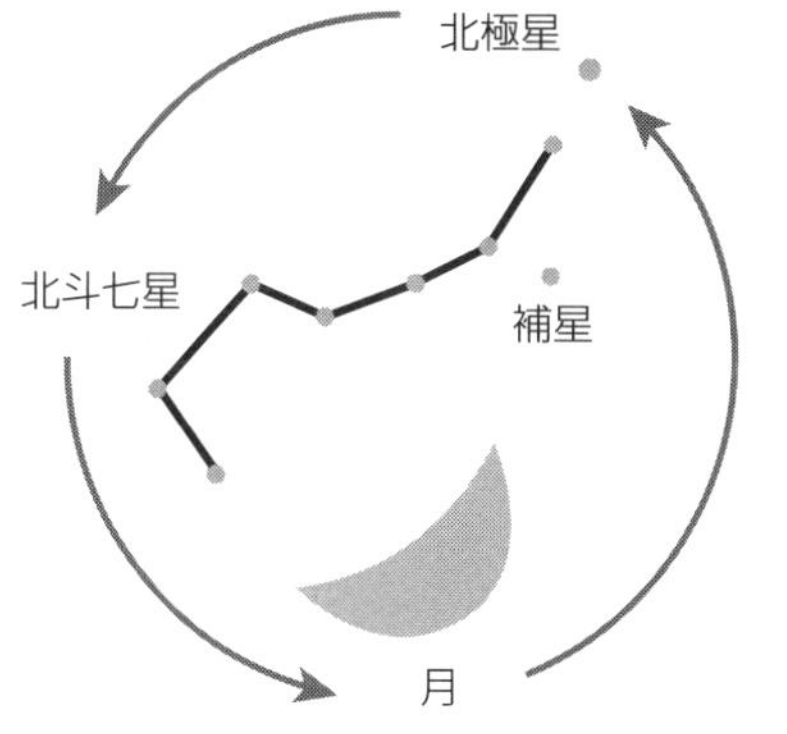

北極星の命エネルギーを北斗七星が柄杓で生エネルギーにすくい入れ、体エネルギーの月星と性交し生命体誕生となり、やがて死を迎え源郷（命エネルギー）に還っていく

×は場所によっては◉で表現されており、エジプト文明では、極のポーラーと呼ばれ太陽のシンボルとされていますが、小生はキリスト教が広まる以前は、北極星を中心とした宇宙元型のシンボルだったと解釈しています。

②シンボル型

(1)○○○○丸型

漆塗りの彩文土器　押出遺跡出土
赤塗りの上に黒漆で前期特有の渦巻文を描く
写真：うきたむ風土記の丘　考古資料館

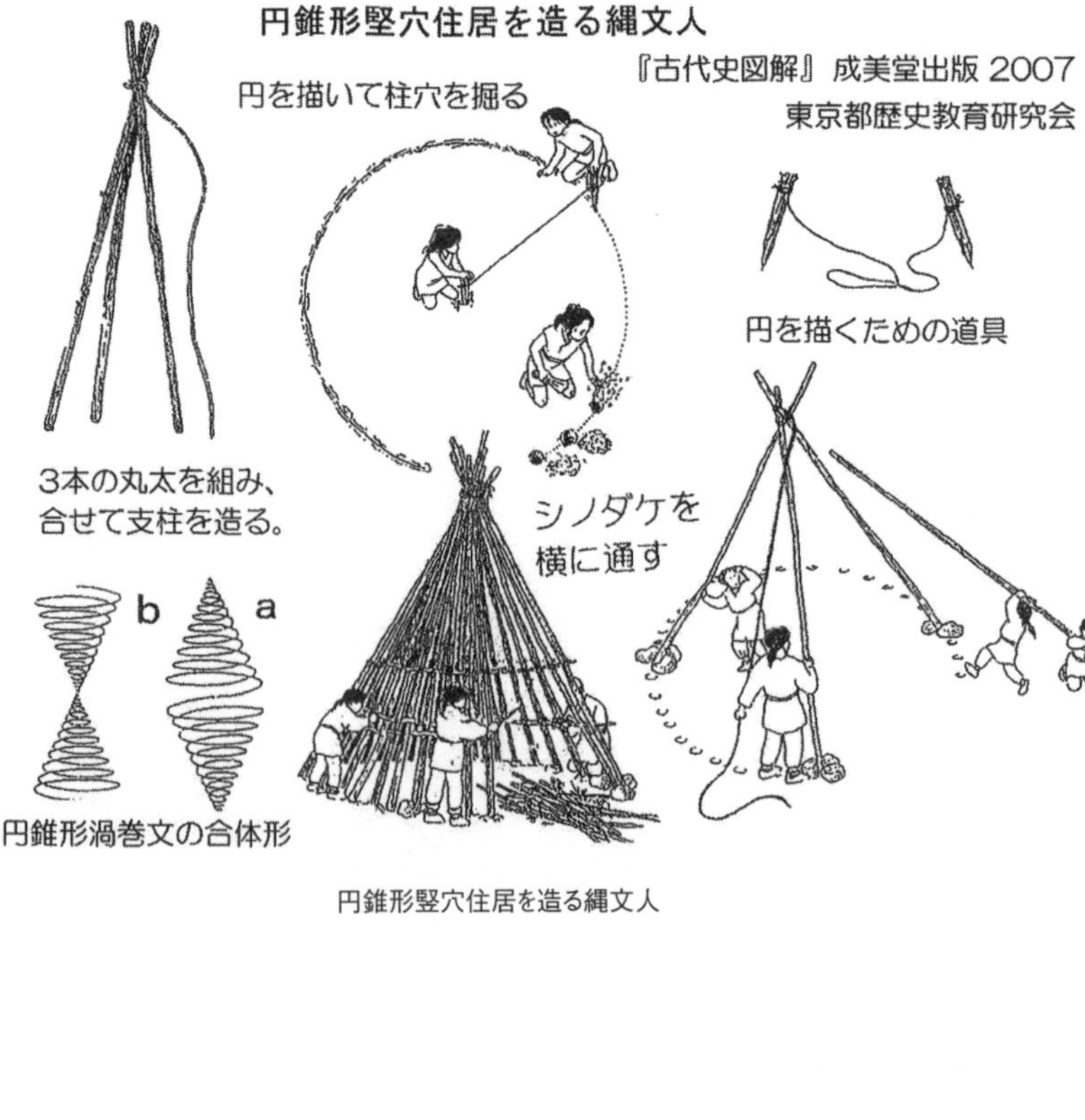

円錐形竪穴住居を造る縄文人

環状列石真上写真
空から見た大湯環状列石（秋田県）大きさ1～2mの組石遺構が集まって直径40m以上の二重の環状帯を構成
写真：鹿角市教育委員会

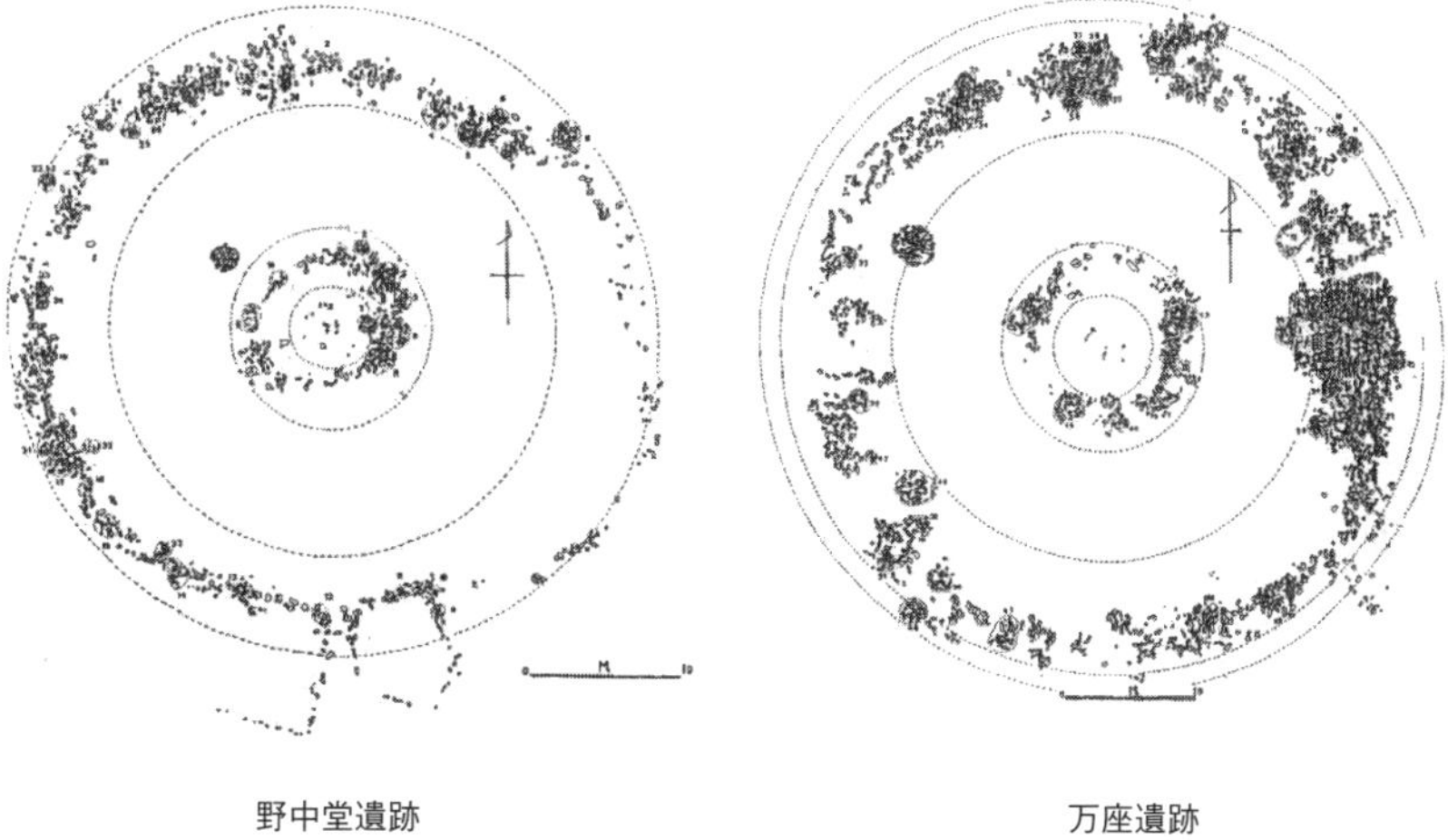

野中堂遺跡　　万座遺跡

大湯環状列石（野中堂遺跡、万座遺跡）　斎藤守弘著『神々の発見』参考

キウス4遺跡の復元模型
写真：北海道埋蔵文化財センター

滑車形土製耳飾り　是川遺跡出土
晩期前半期の東日本地域で大流行した装飾品。朱を塗られたものが多く、祭祀の場で付けられたものと考えられる
写真：八戸市埋蔵文化財センター
是川縄文館

福浦上層式土器　真脇遺跡出土
写真：真脇遺跡縄文館

斎藤守弘著『神々の発見』参考図

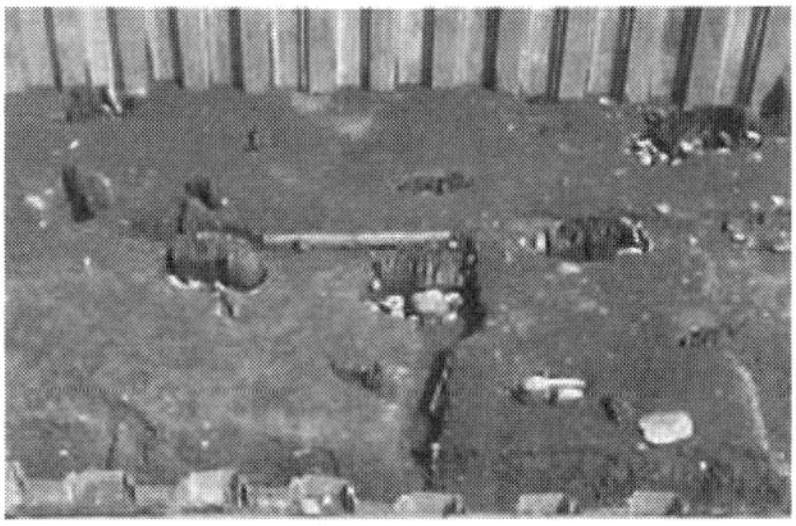

能登半島真脇遺跡の巨木列柱跡
弧状になっているのがわかる

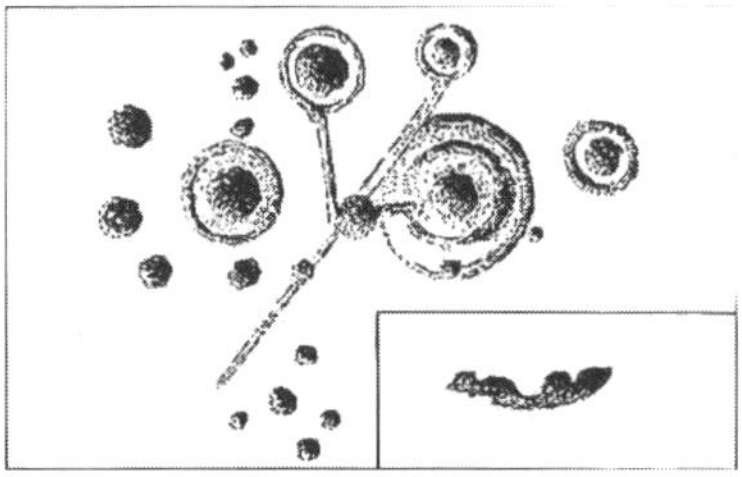

アイルランドの盃状穴

隠岐国分寺の盃状穴

阿久遺跡のストーンサークル（想像図）

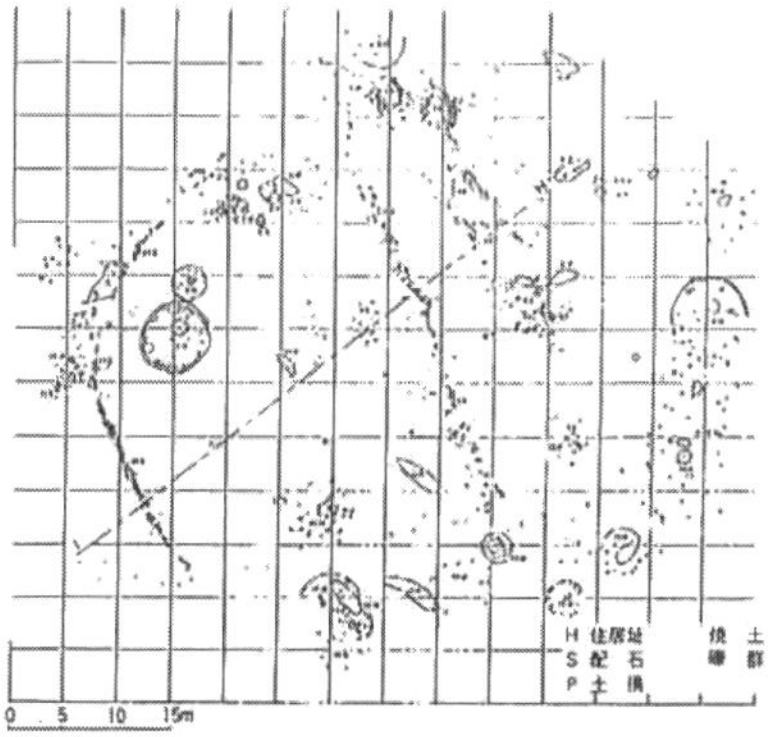

静岡県富士宮市の
千居遺跡の大環状配石

(2)三角型⧖　四角型⧗

大谷幸市著『縄文大爆発』参考

竪穴式住居　写真：Fotolia

籠（＝六角形）の中の鳥→折り鶴（＝五角形）

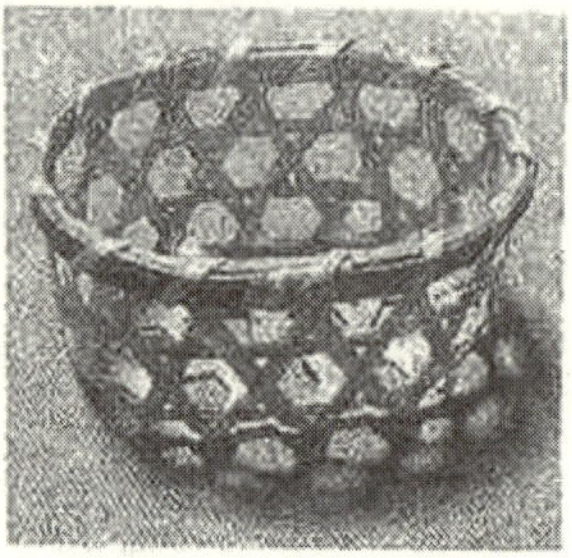

籠の中の鶴

わが国では古来、正六角形をカゴメと呼ばれてきました。カゴメ、カゴメ…と歌われるわらべ歌があります。2個の正三角形から六芒星が生じます。籠の中の鳥に折り紙の鶴を想定すれば、正六角形と五角形の関係が生れ、うしろの正面に正八角形の存在を予想することができます。

桔梗紋「清明桔梗」

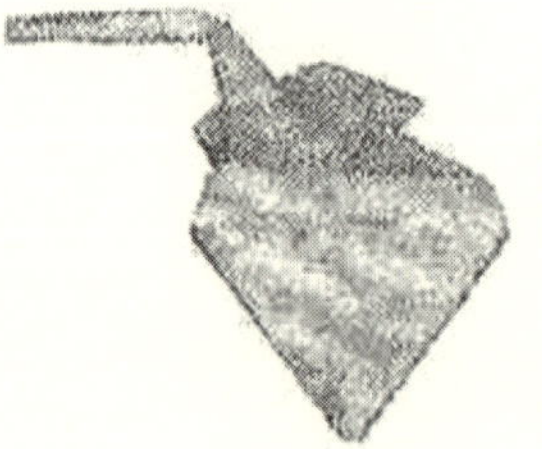

変形五角形
折り紙の鶴

『縄文文化の扉を開く』参考

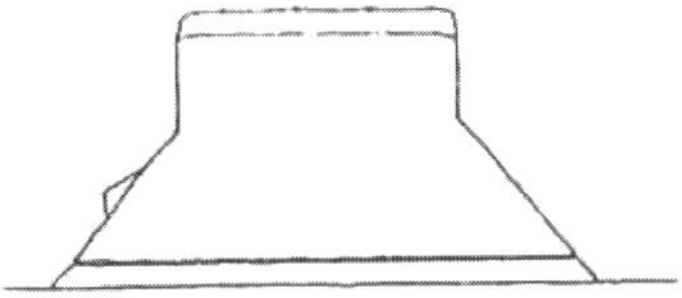

側面立面図

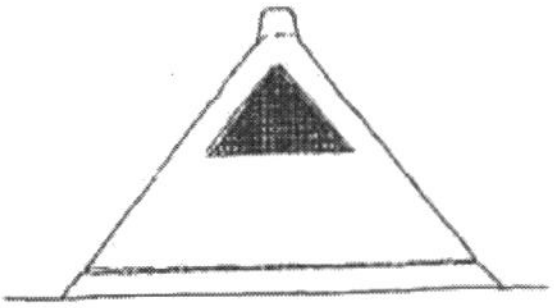

正面立面図

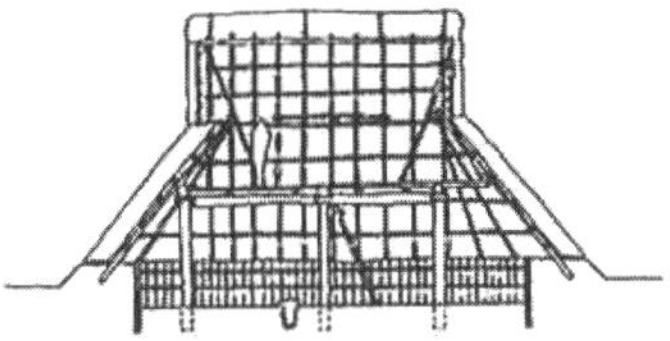

横断面図

縦断面図

縄文ポシェット（縦15cm）
イグサ科の植物で、綾織り（斜文織り）
中にクルミ半個が入っていた
写真：青森県教育庁文化財保護課

神子柴型石ヤリ
（長さ25.2cm）
長野神子柴遺跡
写真：伊那市創造館

いろいろな籠の編目

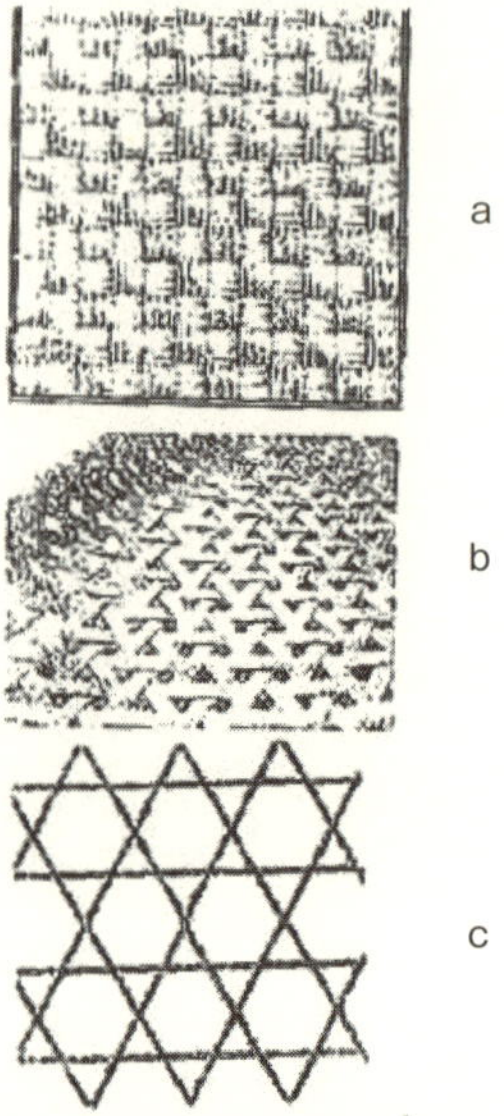

③モチーフの形

④モチーフの形から生じるモザイク（複合）

八角型◯　メビウスの目∞　正方形□　長方形▯　楕円形⬯

菱型◊　六角形✡

大谷幸市著
『縄文大爆発』参考

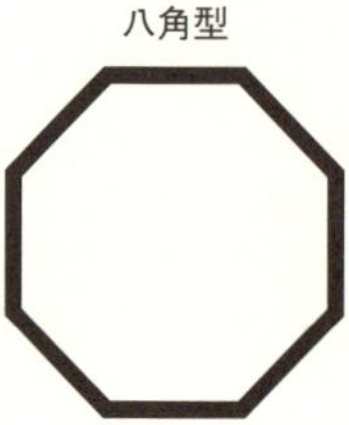

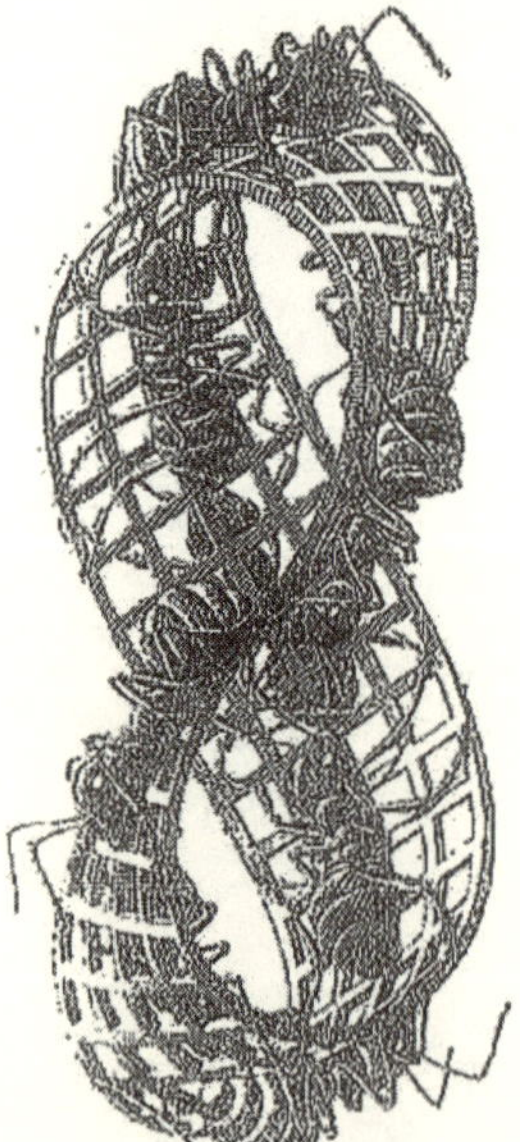

エッシャーの
メビウスの帯

三内丸山遺跡
六本柱の大型掘立柱建物

大谷幸市著『縄文大爆発』参考

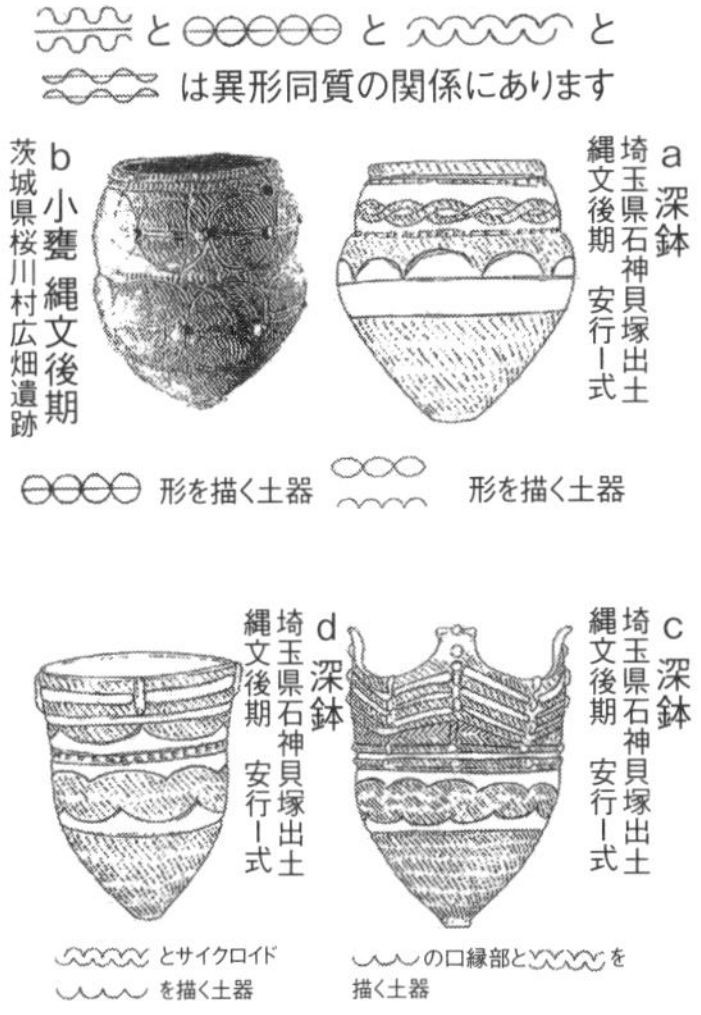

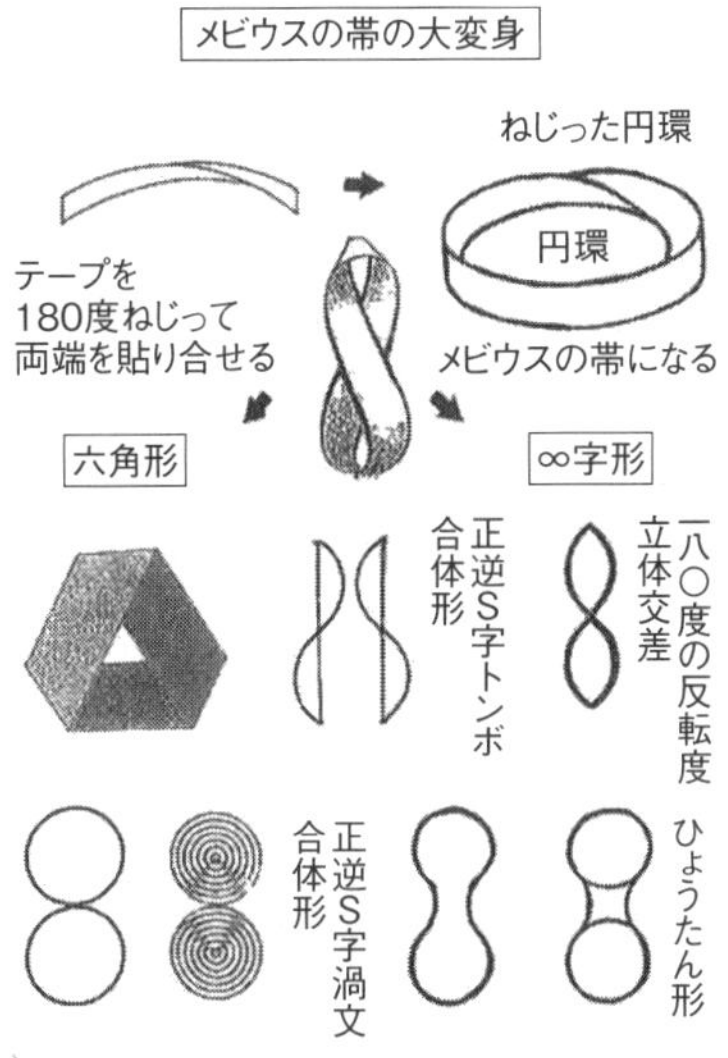

メビウスの帯と異形同質の関係

a 8の字を描く漆椀

埼玉県寿能遺跡出土
8字形＝実物　椀は想定図
縄文後期

b 8字形にくぐり抜ける茅の輪

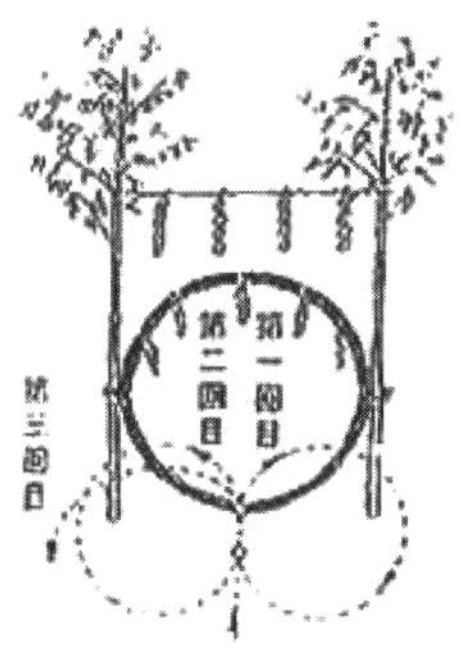

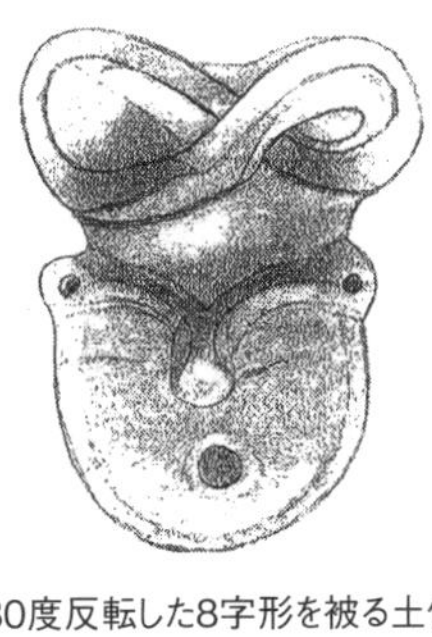

180度反転した8字形を被る土偶
井戸尻考古館
長野県富士見町大花遺跡出土
（修正・大谷幸市）

大谷幸市著『縄文大爆発』参考

サインカーブとサイクロイドを知っていた縄文人

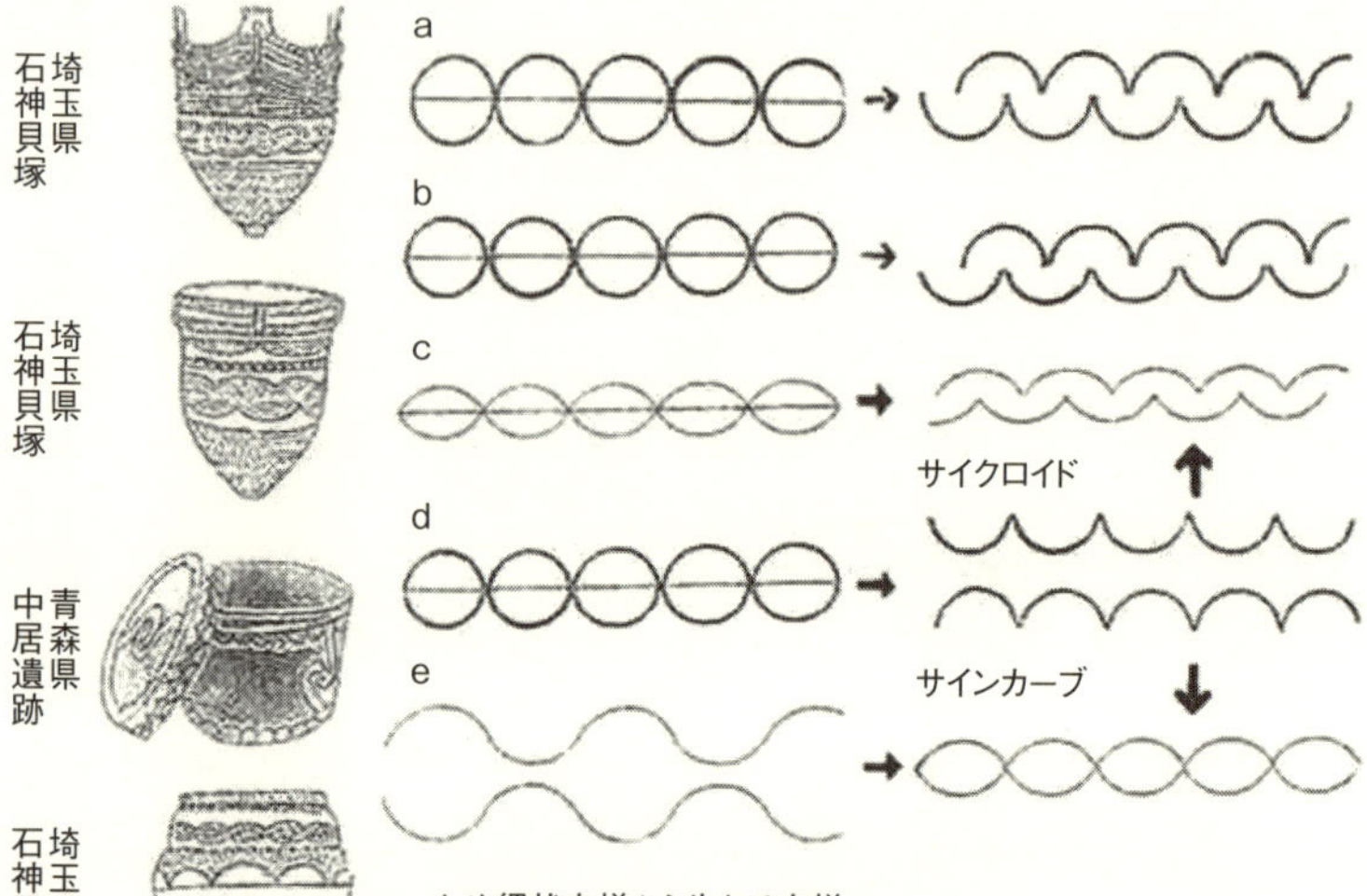

a しめ縄状文様から生れる文様
b ひょうたん形から生れるしめ縄状文様
c サイクロイド・サインカーブ曲線を描く縄文土器

左巻きらせん形と右巻きらせん形から導かれる

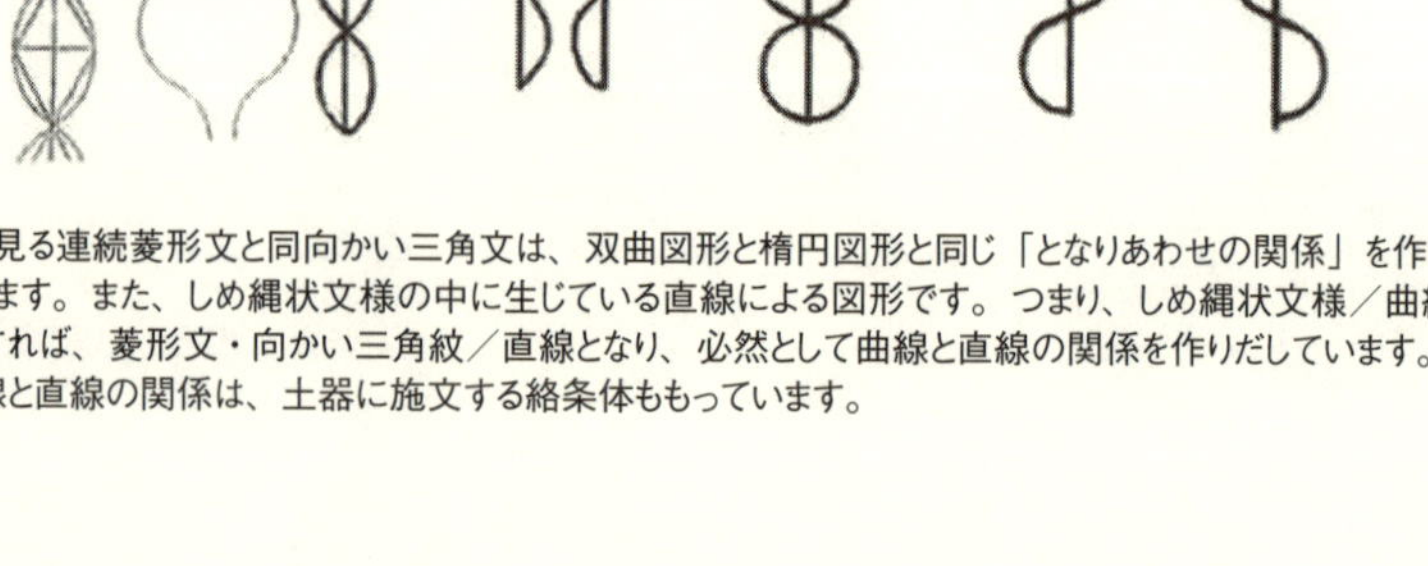

図cに見る連続菱形文と同向かい三角文は、双曲図形と楕円図形と同じ「となりあわせの関係」を作りだしています。また、しめ縄状文様の中に生じている直線による図形です。つまり、しめ縄状文様／曲線を想定すれば、菱形文・向かい三角紋／直線となり、必然として曲線と直線の関係を作りだしています。この曲線と直線の関係は、土器に施文する絡条体ももっています。

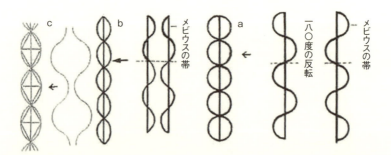

大谷幸市著『縄文大爆発』参考

古墳時代に受け継がれている六角型の描画法

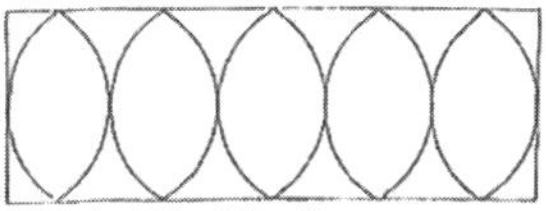

a 縄文人が土版・岩版に描いていたヨコ並びの眼影

b 上図aを直線図影に変換すると連続菱形文・連続向かい三角文、正六角形が生じます。

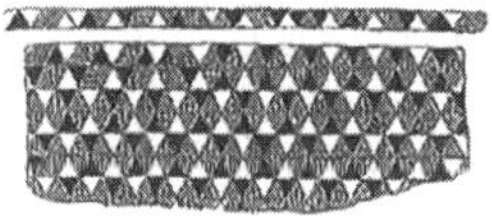

c 福岡県王塚古墳壁画

小林行雄『装飾古墳』
平凡社1964

その他モチーフ型

縄文人は中心線の意味を知っていた

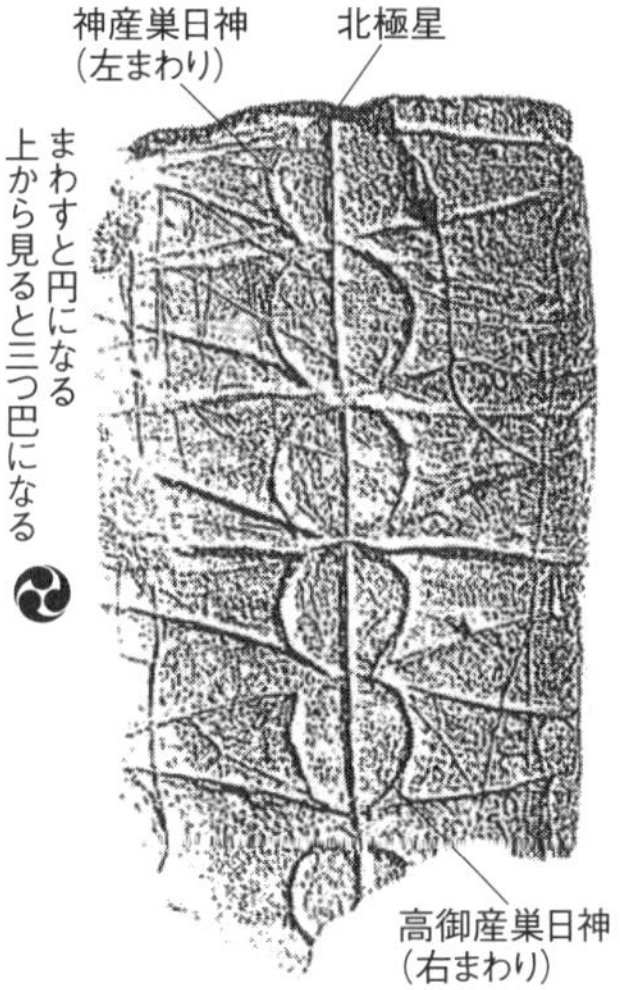

※著者解釈

群馬県糸井遺跡　縄文晩期

メビウスの帯と異形同質の関係

勾玉の起源　→　しめ縄から生れた勾玉

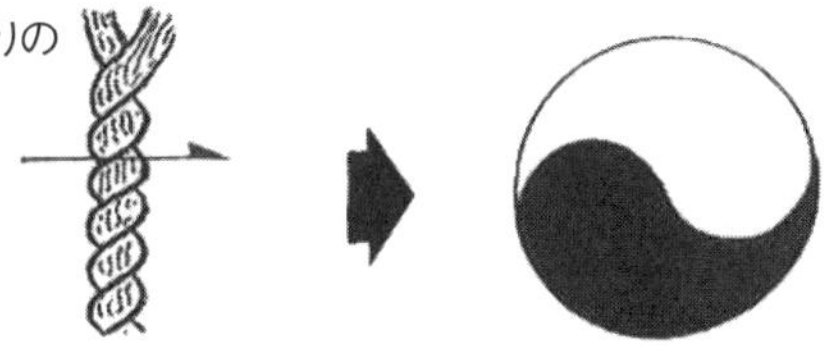

相対図形の素粒子）形による〜形に注目してください。この形は左巻きらせん形と右巻きらせん形の基本形となるものであり、ひょうたん形やメビウスの帯もこの仲間のカタチです。ここに勾玉形の重要性が発見されます。

戸田哲也著『縄文』参考

正逆S字トンボから生れる壺形

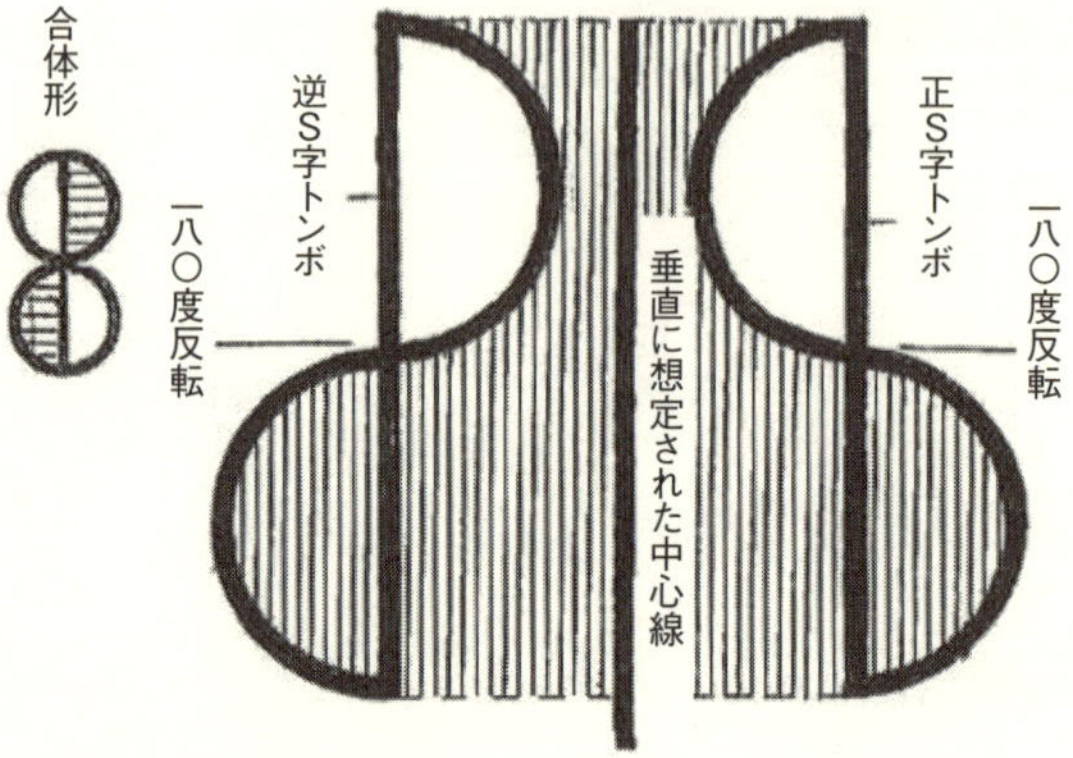

ー壺が母胎の意味をもつ理由ー

正逆S字トンボは、それぞれメビウスの帯を形づくっています。中心線を設定して、正S字トンボと逆S字トンボを上図のように並べると壺形が生じていることがわかります。つまり、二本のメビウスの帯が壺形を生みだしていることになります。メビウスの帯は「同質でありながら、異形の二者の合体によって新しい生命が生れる」という生命誕生の原理をもっています。これは即、壺形がメビウスの帯と同じ、生命を育む母胎の意味をもつことになります。

抽象文付の土器
中期　長野県出土

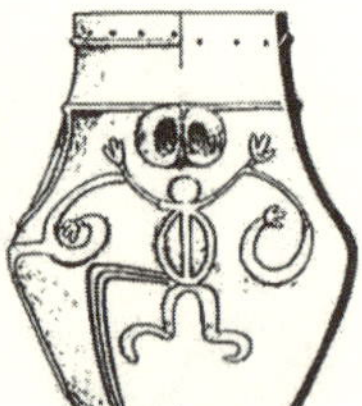

人体文?
のある土器

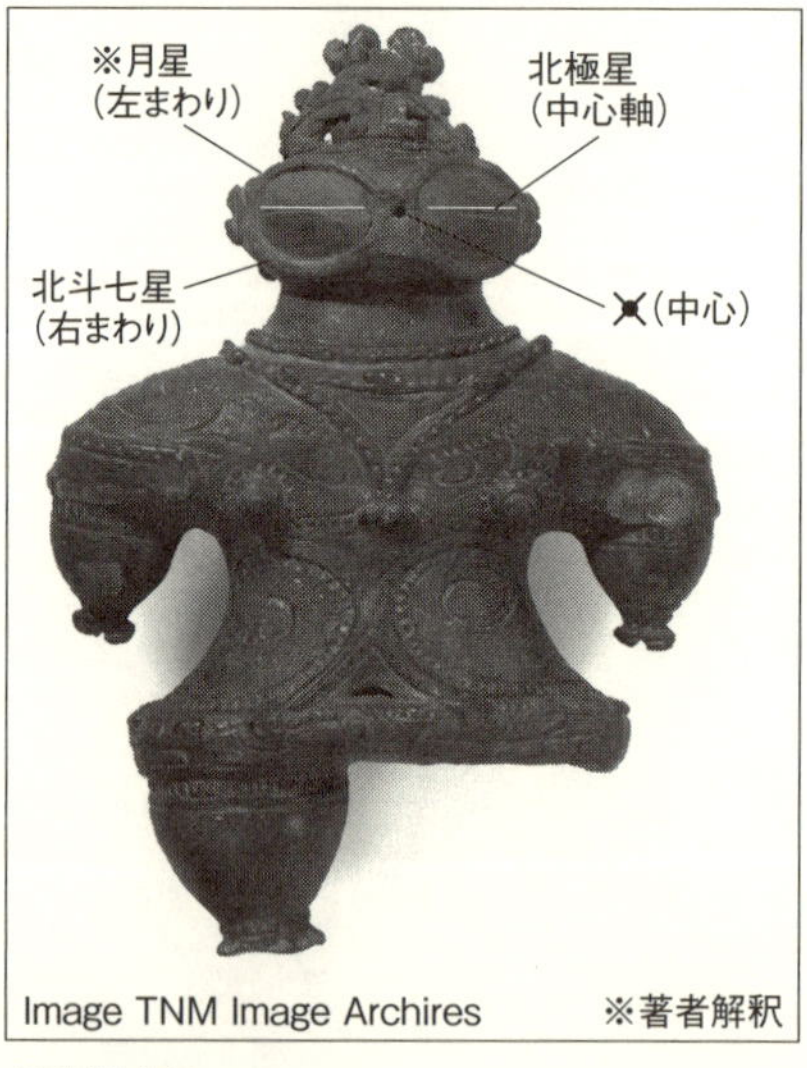

遮光器土偶
青森県亀ヶ岡遺跡出土
写真：東京国立博物館

大谷幸市著『縄文大爆発』参考

伊那市月見松遺跡　人面把手付深鉢表

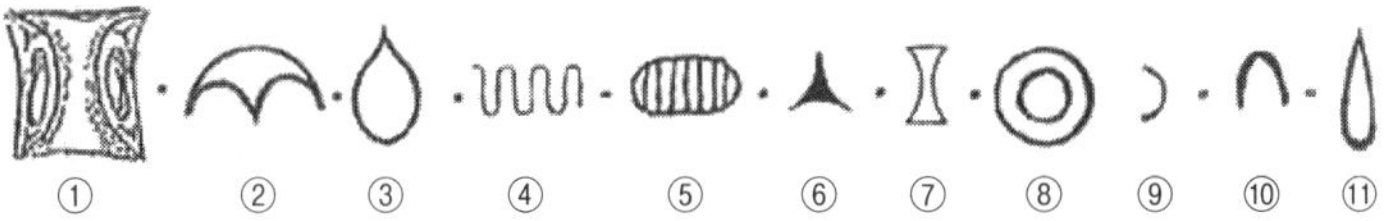

①双眼
②イチョウ葉形
③宝珠形
④らせん形
⑤スーパー楕円
⑥双曲三角形
⑦双曲図形
⑧同心円文
⑨相対図形の素粒子)形
⑩放物線
⑪尖り円
⑫正逆S字形

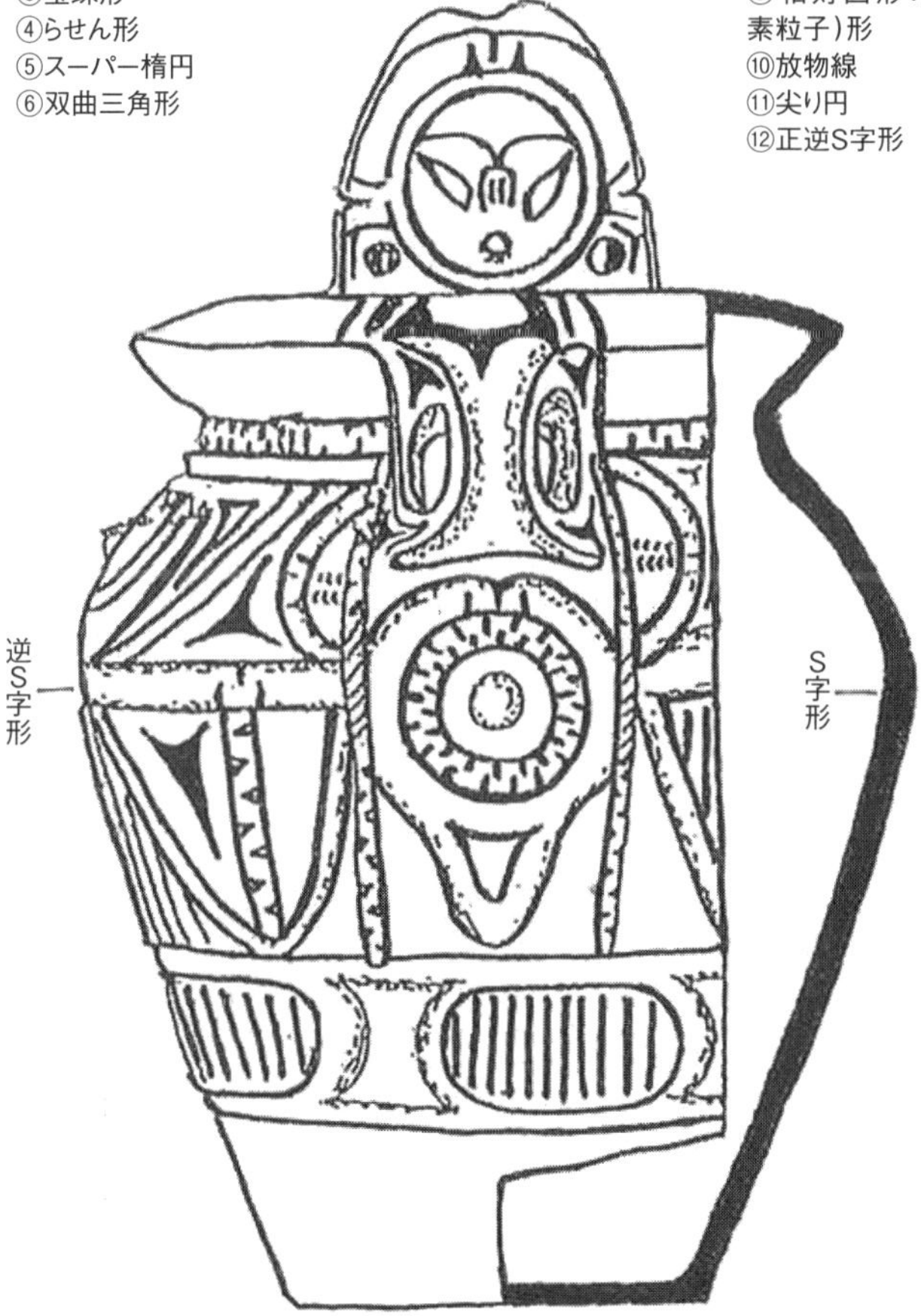

人面把手付深鉢　縄文中期
長野県伊那市月見松遺跡出土

この土器に描かれている文様は、単独の非ユークリッド幾何、あるいは、ユークリッド幾何との組合せになっています。我が国の縄文人は特に非ユークリッド幾何をその思想形成の中核に置いていたと考えられます。非ユークリッド幾何をその思想に取り入れていたのは世界で縄文人が最初です。

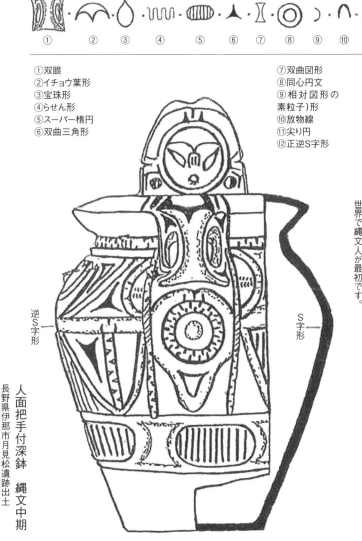

大谷幸市著『縄文大爆発』参考

0形・▽形・6形をもつ土偶

両足に注目

眼形／0と渦巻文／6／▽を描き分けています。

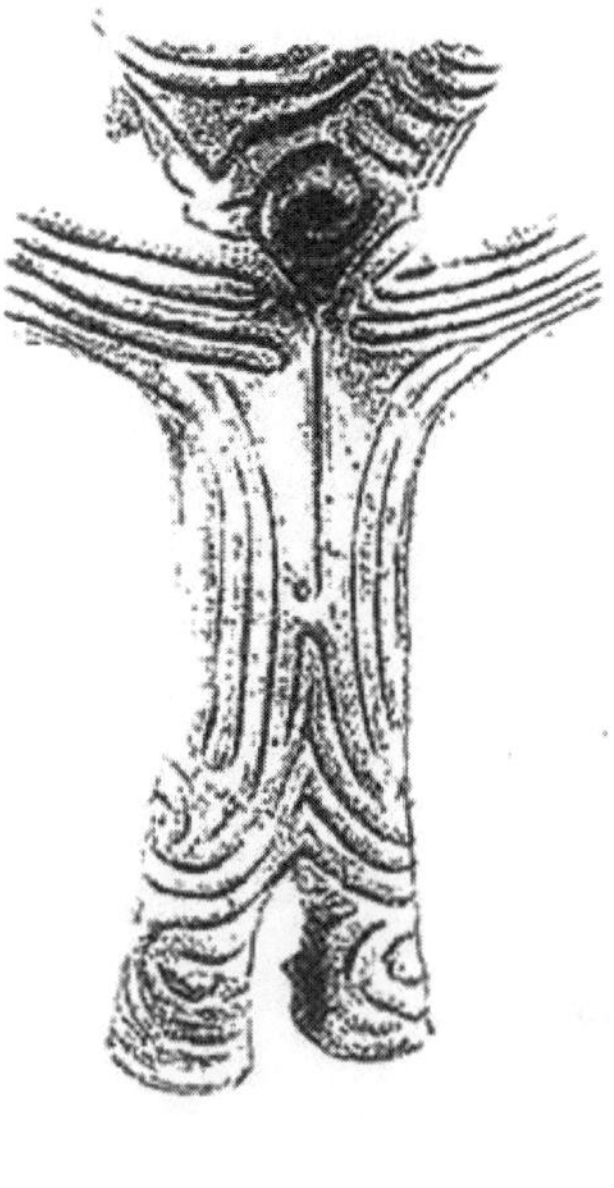

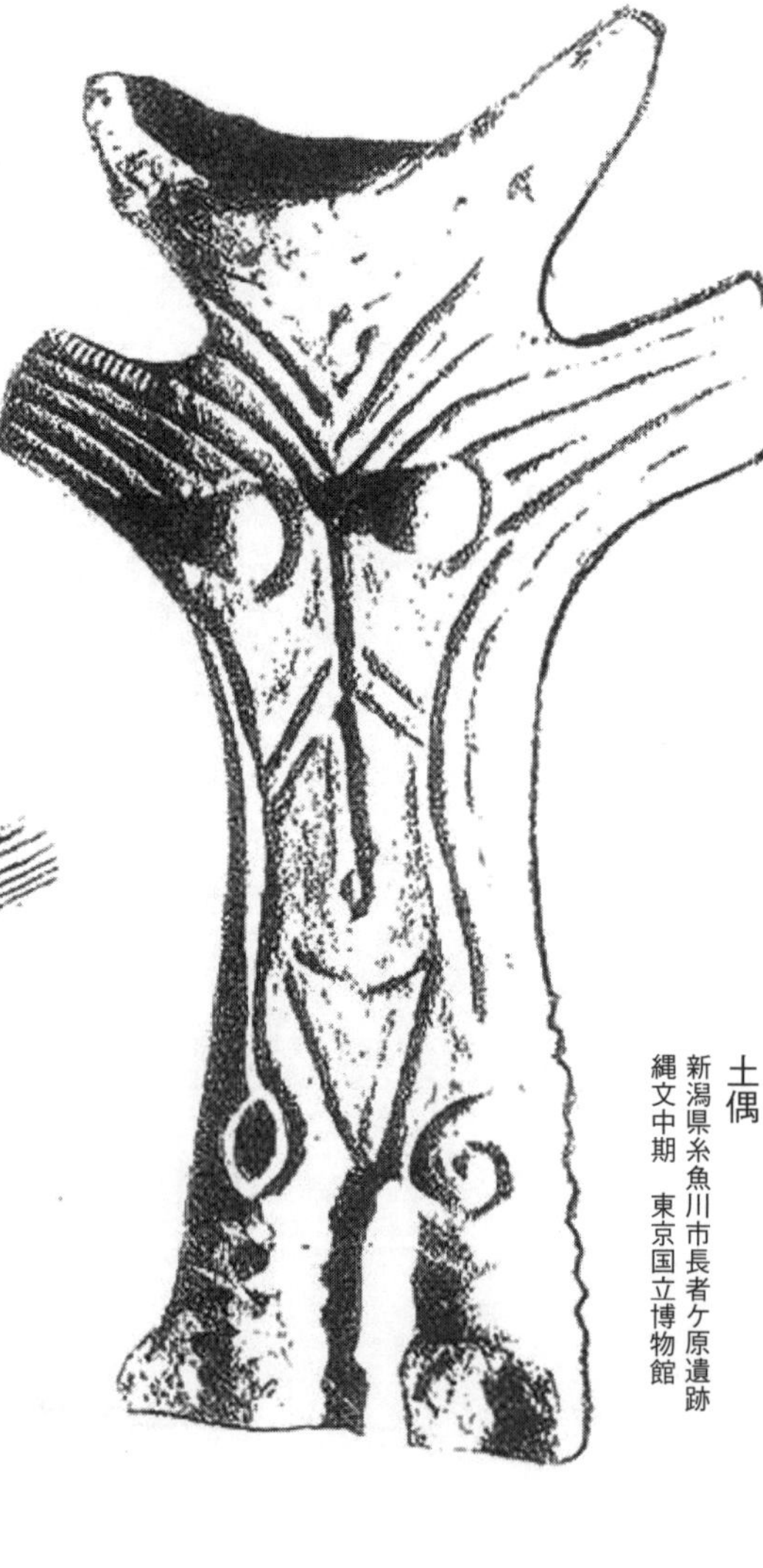

土偶
新潟県糸魚川市長者ケ原遺跡
縄文中期　東京国立博物館

斎藤守弘著『神々の発見』参考

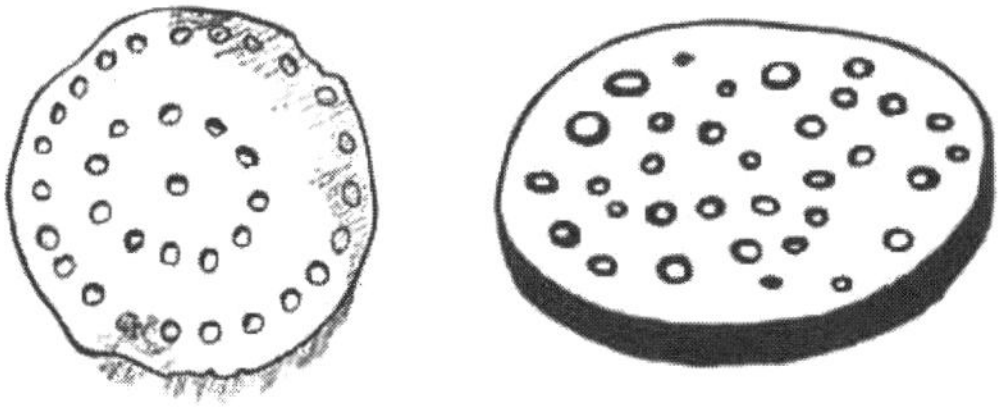

坂井遺跡の「蜂の巣石」

金生遺跡出土の
縄文晩期の耳飾りのデザイン

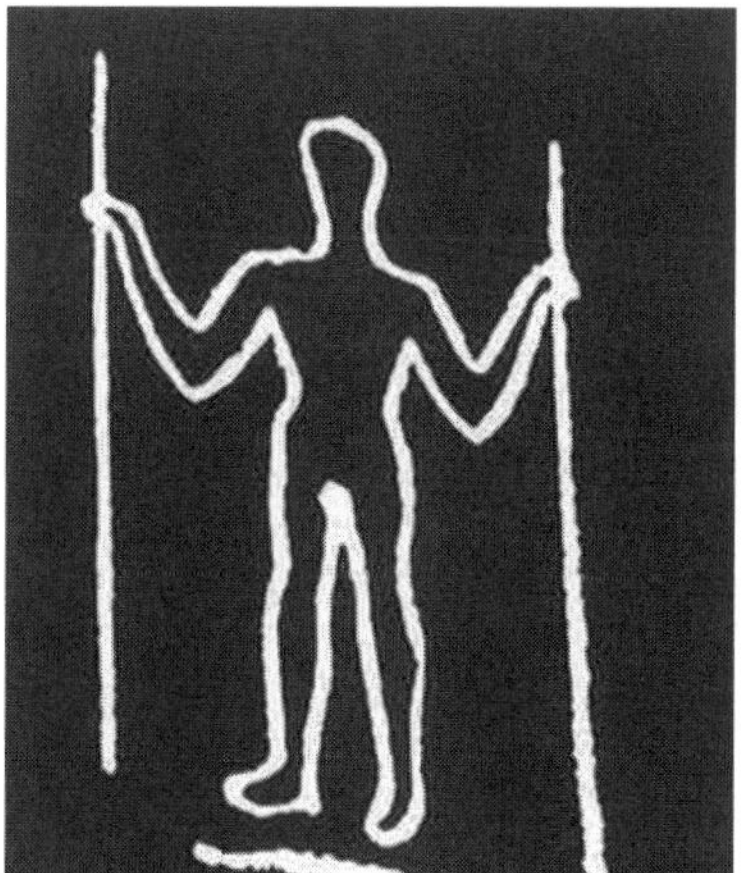

英サセックス州
「The Long Man Of Wilmington」

南米ティアワナコの
太陽の門の彫刻

国宝　手のひらを組む土偶

国宝土偶の左右の手のひらの組み方は、
合掌するかたちとは違っていると思います。

※著者解釈
目は上向きで天空を意識し、口を開けている所は母胎（子宮）を表し、脇が甘いのは包容力をイメージしたものと考えられ、宇宙の普遍性をもどき化していると考えられます。

青森県八戸市風張1遺跡出土　縄文時代後期後半
高さ19.8cm 幅11.2cm 奥行15.2cm
写真：八戸市埋蔵文化財センター

国生み神話の造化三神は縄文にあり

「古事記」の冒頭に曰く。

「天地の初めて発《ひら》けし時、高天原に成りませる神の名は天之御中主神《あめのみなかぬしのかみ》。次に高御産巣日神《たかみむすびのかみ》。次に神産巣日神《かみむすびのかみ》。この三柱の神はみな独神に成りまして、身を隠したまいき」と記されている。

小生は天之御中主神こそ北極星であり、神産巣日神を月星、高御産巣日神を北斗七星と解釈しています。また、日を太陽と勘違いされますので霊（ひ）と解釈しています。

なぜなら、縄文文明は北極星（群）信仰を中心とした文明ですが、弥生以降、太陽信仰を中心にした文明に転換してから、天照大神《あまてらすおおみかみ》、月夜見神、須佐之男神《すさのおのみこと》（北斗七星・豊受大神《とようけのおおかみ》）に入れ替わっていき、古事記、日本書紀の作者はその事実を知っていたから「身を隠したまいき」を記しただけで省略したと考えられます。

つまり、古事記、日本書紀は北極星と月星と北斗七星の三位一体の文明から、太陽と月星と北斗七星の三位一体に換骨脱胎《かんこつだったい》された以降の建国書と考えられ、文間の深読みと謎解きをしないと、記紀の奥に隠されている真実は見えないのです。

縄文時代は日本の国土の約七〇％が森林であるように、照葉樹や針葉樹が日本列島を覆っていて、縄文人たちは太陽の木漏れ日の合間をぬっての狩猟採集の生活が中心だったと考えられています。つまり、太陽の存在価値はまだ確立されていなかったのです。

もっと、根源的に表現するなら、日本列島に移住して縄文文明を創った中心民族は海洋民族であったと考えられ、海洋民族は航海の中心に北極星（住吉神の神格となったオリオン三星もありますが）があったからです。なぜなら、北極星は移動しない（最近は少しの移動が確認されている）ので航海にとっては灯台的な役割をしてもらえたのです。

日本文明が母系文明であるといわれているのも、基底に間性（＋女性）原理（月星と海は生命体誕生とつながっている）としての海洋民族の存在があるのです。

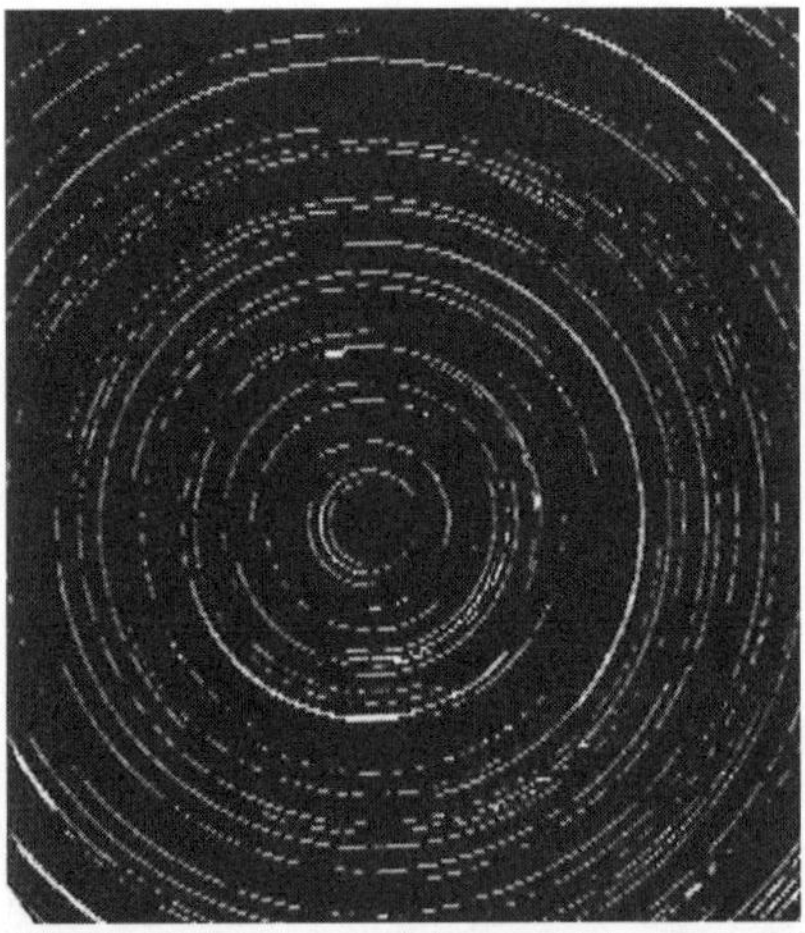
北極星に焦点をとり、一晩中カメラをまわすと〇の星群になる

二見興玉神社・伊勢神宮（内宮・外宮）・猿田彦大神《さるたひこおおかみ》も縄文とつながる？

小生も二見興玉《ふたみおきたま》神社・伊勢神宮・猿田彦神社には度々お参りしておりますが、お参りする時はまず二見興玉神社からと言われています。二見興玉神社には茅の輪注連縄《ちのわしめなわ》（⊗）が置かれており、これは北極星の象徴、そして蛙をお祀りしていますが、蛙は三本足でこれは月が新月を迎え三日隠れる時の象徴です。今は夏至・冬至の観測聖所と言われていますが、縄文時代は月食など月の変化や星群の観測聖所であり、生死再とつながる月星と考えられます。だからこそ、二見興玉神《ふたみおきたま》社からお参りするということになるのです。

外宮の神様は豊受大神《とようけのおおかみ》で丹後の元伊勢籠《この》神社から来られたといわれていますが、この神こそ北斗七星であり、内宮の神様はもともと月星と思われますが、今は天照大神《あまてらすおおみかみ》になっています。これは、弥生以降の太陽信仰になってからで、内宮の西の宮の奥宮に祀られている荒祭宮こそ北極星と考えられます。西は月ですから、北極星とつながり道理にかなっています。また、内宮には「太一信仰」が残っていますが、これこそ北極星（妙見）信仰の名ごりと考えられます。

新造化三神である天照大神、須佐之男神《すさのおのみこと》、月夜見神の中から、いつの間にか月夜見神が消えてしまいますが、抹消できない生死再につながる神だから、外宮・内宮に別宮として祀らざるを得なかったと思います。

また、猿田彦大神の総本社は三重県鈴鹿市にある椿大神社ですが、この神こそ北極星であり、だからこそ伊勢の宇治山田に別宮で祀られていると考えられます。猿田彦大神はものごとの最初にご出現なさり、万事をもっとも善い方へお導きなされる神、つまり北極星（母胎星）なのです。

この解釈も小生の推理と仮説と霊智ですが、どうみても縄文の生死再三位一体とつながることを否定できないのです。

出雲大社は縄文文明の元型か

出雲大社の主神は大国主命《おおくにぬしのみこと》で、元神は須佐之男神ですが、元型は星群の中心にいる隠れ神、北極星・天之御中《あめのみなか》主神《ぬしのかみ》で、だからこそ十月十日に神有月として全国の神様が集まると考えられます。つまり、出雲大社の方が天照大神より古いということになるのです。

国譲りとは、北極星・天之御中主神、月星・神産巣日《かみむすびの》神《かみ》、北斗七星・高御産巣日神《たかみむすびのかみ》の中心にある北極星・天之御中主神が太陽・天照大神に入れ替わったことを意味し、天照大神が女性から男性に替わったことの謎も解けるし、出雲大社が長いことご皇室のお参りをお断りしてきたことも、うなずけるように思います。

出雲大社

天皇はなぜご自身のことを〝朕《ちん》〟と言われるのか

国民の大多数は、天皇さまは天照大神・太陽の神格者と思われておられますが、これは弥生以降のことと考えられます。

朕という字は「月」と「八つの天」の合成語です。つまり、北極星・天之御中主神は母胎（子宮）であり、生命体の源である「命」の隠れ神、それを「生」の顕現者、北斗七星・高御産巣日《たかみむすびの》神《かみ》の精子と「体」の顕現者、月星・神産巣日神《かみむすびのかみ》の卵子とが結合して「生命体」が生まれます。

北斗七星は七つの星と補星が一つあり実際は八星です。北極星は元型の隠れ神ですから表にはでませんが、その顕現星の月星と北斗七星を合成すると、「朕《ちん》」という字になり、それは北極星の顕現神です。

天皇の皇は白と王の合成語で、中国の四神図（霊獣）では、北は海亀（贔屓《ひいき》）と蛇の合成図になっています。海亀は体エネルギーの役目を担う、西に鎮座されている月星の象徴で、シンボルは白い王（皇）、蛇は始元星である北極星（天の王）の命（水）エネルギーを体エネルギーに結合させる役目を担う北斗七星の生（螺旋《らせん》・波動）エネルギーです。この月星と北斗七星の合成図は隠れ神北極星につながります。つまり、天皇さまは北極星の神格者で縄文文明を継承されておられると考えられます。

海洋民族の守護神

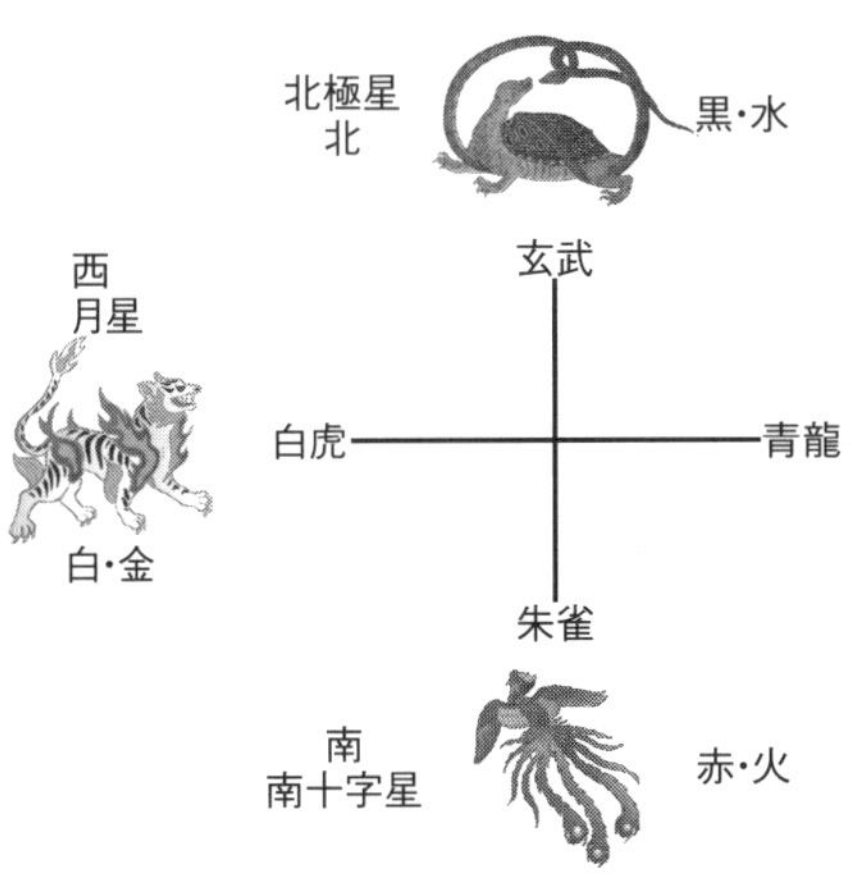

四神図（霊獣）

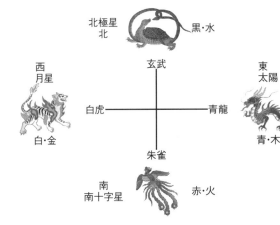

また、八二頁のフリーメイソンのところで述べますが、御皇室の十六菊花御紋も太陽信仰なら象徴がなぜ「ひまわり」ではないのでしょうか？

エジプト文明は太陽信仰で象徴は「ひまわり」です。小生は十六（いざよい）の月の象徴と考えています。菊の色は今は多色になっていますが、白色か黄色が慶弔《けいちょう》にはお供えされており、白色も黄色も月のイメージに重なります。

国旗の赤丸も昔は茜色だったそうです。茜は草と西の合成語ですので、草は「生命」西は「月」で、これも月にむすびつきます。国旗の赤丸がさんさんと輝く太陽の象徴では「和の文明」と相容れないのではないでしょうか。

ですから、天皇さまも御皇室も縄文文明を継承されておられ、それが弥生以降、太陽文明にかわって今のようになられたと考えています。

縄文人は生死再一如で聖と俗の境がない

縄文文明の元型は✕にあると述べましたが、この中心にあるのが北極星であり、間性原理で生死再一如の三性具有の母胎（子宮）でもあります。生命顕現の働きをするのが女性原理（陰性）の月星と男性原理（陽性）の北斗七星と述べましたが、女性原理と男性原理が性交（）して生命が誕生し、エントロピーの法則によって、やがて死を迎え元型に戻ります。

しかし、元型は生死再の元型でもありますから、季節が巡るように冬が過ぎれば春が来て、生の再生が始まるのです。つまり、縄文人は現在のように生死再を分けておらず輪廻《りんね》循環するものとして捉えていたのです。そのシンボルのひとつが環状列石であり、地上に生を祀り地下に死を祀《まつ》っていたのです。

また、環状列石の入り口らしきところに二本の柱の痕跡が残っているのは、聖なる母胎の北極星と俗なる顕現星の月星と北斗七星のつながりのシンボルなのです（六五頁参照）。

今は、家族に身障者が生まれたりすると疎《うと》まれますが、一昔前までは一家の身代神のように大切にされていました。縄文人も同じ価値観を持っていました。恐ろしい仮面土偶や土器にモチーフ化されていますが、これも生死再一如で境がなかったのです。

野中堂遺跡の大湯環状列石
写真：PIXTA

大湯環状列石の「日時計型」配石　縄文後期
写真：PIXTA

自然が神の惟神《かんながら》の道

縄文人は、自然を神として起こることすべては神のなせるわざ（宇宙の普遍性・摂理）で、現代流にいえば自分たちの理屈理論をはさみこむことはありませんでした。

起こることすべてをまず受け入れ、どう対処するかだけでした。神道には教義がないのも自然が神だからだと思います。

なぜなら、自然（神）は必ず収まるところに収まるということに気付いていたからで、人間の考えることより自然（神）がなすところの普遍性のほうが優れており、自然（神）に順応することが最良の選択と悟っていたと思います。

この縄文人の精神観が日本人の霊層意識に引き継がれていたため、仏教や儒教などが入ってきても、それらに呑み込まれなかったのです。それは人間の智恵よりも自然の霊智のほうに価値観を置いていたからできたことです。

世界の歴史を見ても、戦争に負けた敗者は、勝者の国の制度や言語などに入れ替えられる場合がほとんどなのですが、日本にはそれがないのも縄文人のＤＮＡが引き継がれているからだと考えられます。

素（ありのまま）を受け入れる

日本料理は、食材をできるだけ自然の状態を生かして作るというのが特色のひとつです。刺身などはその代表格で、調味料も自然の味を生かしていますし、盛り付けも自然美をもどき化していいます。中華料理やフランス料理も美味しいと思いますが、食材や調味料が加工されての美味しさです。

縄文人は、何事においても素（ありのまま）に見て、事実の奥にある真実に目を向けていましたから、中心軸がぶれなかったのです。

だから、天変地異にしてもたぶん驚いたとは思いますが、自然が神ですから、それを素直に受け入れ対処することができた、というより以前にも増しての対策を講じていたことが遺跡などで発見されています。

これまで、いろいろな国難があっても、ゾンビのごとく立ち直れたのは、縄文人のＤＮＡを引き継いできたからこそでありますが、今は失いつつあります。ただし、自分さえ良ければの今の世の中にあっては、素の真偽を見極める洞察力がなければ、日本人の最大の短所である偽りの素（風）に巻き込まれかねません。

縄文人は超合理的にものごとを考えた

縄文人は、すべての現象は宇宙の普遍性（始元）の現れだという精神観を持っていましたから、起こるものごとを相似象として捉えていました。

長所は短所、短所は長所、自然は平常な時もあれば異常な時もある。水も火もプラスの時もあればマイナスの時もある。素（ありのまま）に見て、合理・非合理に分けて考えるのではなく、起こっている現実にどう対処するかという超合理的な考えをしていました。暗黙知や、あ・うんの呼吸、腹芸なども縄文人のＤＮＡと考えられます。

このような精神観は自然環境の多分な影響はさることながら、小生は縄文人の宇宙観から生まれたものだと考えています。

善悪の境がない

善悪においても同じで、現代人のように善悪を区別するのではなく、超合理的にいかにものごとが収まるかに重点を置いていたのです。日本人の汎神教《はんしんきょう》や多神教、あいまいさ、お人好し、性善説なども突きつめると縄文人のＤＮＡを継承していると思います。

狭くなりつつある世界にあって、今のようなすべてを分けてしまう欧米的二元論にもとづく価値観では、勃発《ぼっぱつ》している難問は解決できないどころか、ますます混乱していきかねません。今こそ縄文文明の価値を見直すべきだと思います。

みんなで分かち合っていた

縄文人の精神観については、百十一頁~百四十四頁で詳しく述べますが、すべての思考・行動基準の根株にあるものは「共」です。生活観においては「共尊」、経済観においては「共生」、社会観においては「共育」です。

この基底にあるものが、宇宙の普遍性、つまり「むすひ」であり、○△□の異質のものが融通《ゆうづう》しあいながら息通しているということをテレパシー的に感知していたからできたのです。特に、経済観にそれがあったからこそ、七〇〇〇年近くも争い事が少なかった平和な社会（村）を作ることができたと考えられます。

だからこそ、日本列島に多様な人種の人たちが移住してきても、「和を以《もっ》て貴《とうと》しとなす」の心で受け入れ同化することができたのです。

今のような「自分さえよければ」の自分都合中心の現代社会では考えられない縄文人の霊性の高さです。

穢《けが》れ・畏《おそ》れの心があった

これも縄文人の特徴のひとつで、万物万象は宇宙の普遍性の分霊という考え方を持っていましたから、これを壊すことは「穢れ」であり「畏れ」であったのです。

この基底には「生死再三位一体」つまり、あらゆる存在は「循環」しており、その調和・秩序を壊してはいけないという精神観があったのです。奴隷制度がないことや、区別はあっても差別はないのも、基底には「共」とともにこの心があったからこそと考えられます。

このような精神観が、日本人の清潔観・質素観・節約観・仕事観・生命観・生活観・経済観・社会観・躾《しつけ》観等々、あらゆる分野においてＤＮＡに継承されてきたのです。しかし今は、忘れ物になりつつあります。

「水に流す」と「水を差す」

これも日常良く聞くことです。

「水に流す」の例として、広島の原爆死没者の名簿が収められている慰霊碑には、「安らかに眠ってください　過ちは繰り返しませぬから」の碑文があり、この内容に国内外からいろいろなご意見がインターネットに書き込まれています。

原因・結果の因果の法則から考えれば当然、原因の主は誰で、果はどう収めるべきかということになりますが、自然が惟神《かんながら》の道の縄文人になって考えますと、前述した「生死再の境がない」「素（ありのまま）を受け入れる」「超合理的にものごとを考える」「善悪の境がない」でも述べたように、事後をどう建設的に立て直すかに重きを置くのです。

今世界を破滅か継承（創造）かの制御不能に陥しいれている根本原因は、人間の「エゴイズム」「精神観」のなにものでもないのですが、現代人はその視点からの是々非々を論じがちです。「善と悪」「損と得」「敵と味方」「赤と黒」と欧米的二元論で物事の「是々非々」の結論を出そうとしても、ヘーゲルの弁証論を引用するまでもなく「正・反・合」は永遠に続いて、いつ迄たっても結論はでないのではないでしょうか。

水に流すべきは水に流して次に進む。これも縄文人の自然が惟神《かんながら》の道だったのです。「水を差す」も同じです。現在は、例えば「邪魔をする」「嫌がらせをする」など否定的な用語として誤用されていることが多いのですが、真意は、誤った方向に向かうことを差し止めるという意味です。

例えば、日本人は「お人好し」「騙《だま》されやすい」「はっきりしない」等々言われていますが、単に人が好いだけではなく、物事が惟神《かんながら》の道から外れた時には「生命の源」から「水を差す」ことをしていたのが縄文人だと考えられます。

太陽ではなく「水」というのも縄文人の精神観が継承されたものです。水の源郷は北極星なのです。現代人の常識では理解しがたいのですが、縄文人の精神観（霊性）は非常に高く、現実的（プラグマティズム）だったのです。

とかく現代人は検証したがりますが、例えば自然現象はあくまでも自然現象です。理由があってということではなく只そうあるものなので、永久に検証はできません。

例えば「夫婦喧嘩に勝って離婚」を選んだ方が良いのか、妥協と協調で「夫婦円満」を続けた方が良いのか、選択次第では真逆の結果になります。

それよりも人間自身の検証が大切で、人間自身の検証なくして現象のみを検証しても解答はでません。

集落から見えるのは、国家というよりも村社会に近い

今、世界は虚々実々の国家間の紛争が絶えません。この根本思想は「支配」で、根本原理は権力と経済（金）です。これが唯物論哲学・科学にもとづく欧米着せ替え支配文明で縦型社会なのです。縄文文明は、争いごとがなかったわけではないのですが、それはどこまでも共生のための横型社会なのです。その証拠に遺跡から柵や壁がなかったことがうかがえ、国家というより村社

会に近いと考えられます。

小生は、真言密教の僧籍にあり、仏教にも如来・菩薩・明王・天部と名称はありますが、それは役割違いの名称で上下関係ではありません。同じように縄文も役割の違いはあっても上下関係に重きを置いていません。

上下関係は権力と経済がつきもので、なぜならそれが支配とつながるからです。しかし、縄文は食料をはじめ環境に恵まれていましたから、権力や経済に重きを置かず、生活における共尊、経済における共生、社会における共育で支配の論理は必要なく、それだけ霊性が高かったと考えられます。

国家は権力と経済と支配にもとづく統治の論理ですが、縄文は村社会の共生の論理にもとづく文明と言えます。

地方主権・分権も縄文の論理が必要

飛躍しますが、今取り沙汰されている地方主権・分権についても、経済グローバリズムが席巻し、経済に国家の統治力が呑み込まれている現状にあっては成功するどころか、かえって崩壊しかねません。生命コスミカリズム〔宇宙（自然）本位〕が内包されている縄文的霊性があってこそ成功すると思います。

しかし、そのことを説かれている分権・主権主義者はいませんし、国家統治ですらそうですから、安易な分権も主権も、小さな地方は経済や権力の支配構造に呑み込まれることは火を見るよりも明らかです。

フリーメイソンは北極星（妙見）信仰か

余談ですが、次の図は、中国新疆省《しんきょうしょう》のトルファン、アスターナ古墳（三世紀〜八世紀頃）に描かれている「伏義《ふっき》と女媧《じょか》図」で、まさに縄文造化三星に通じる図です。手に持っているモチーフを見てみると伏義がサシガネ・女媧がコンパスで頭頂にフラワー・オブ・ライフの模様があります。

まさに、これは縄文造化三星のモチーフで、伏義が陽性（男性）原理の北斗七星、そして女媧が陰性（女性）原理の月星で中央のフラワー・オブ・ライフが北極星（群）と考えられます。先述したように、フラワー・オブ・ライフはエジプト文明では太陽のシンボルですが、円の中の放射線の数が十六で外円の数は十二になっています。

北極星はヽ（ちょん）の隠れ神ですから表には出ません。出るのは月星で十六は「いざよいの月（十六夜）」につながります。十六月夜は満月の象徴である「平和・幸福」に向かって行動するという意味が秘められています。下にも月の図があるように、太陽では辻褄が合いません。

まわりの十二の丸はユダヤ十二支族のシンボルと考えられます。

アスターナ古墳にはさまざまな伏羲と女媧の図がありますから、一概には限定できませんが、それでもそれらを分析してみるとユダヤに関連する数が多いように思われますし、おそらくユダ

伏羲と女媧図

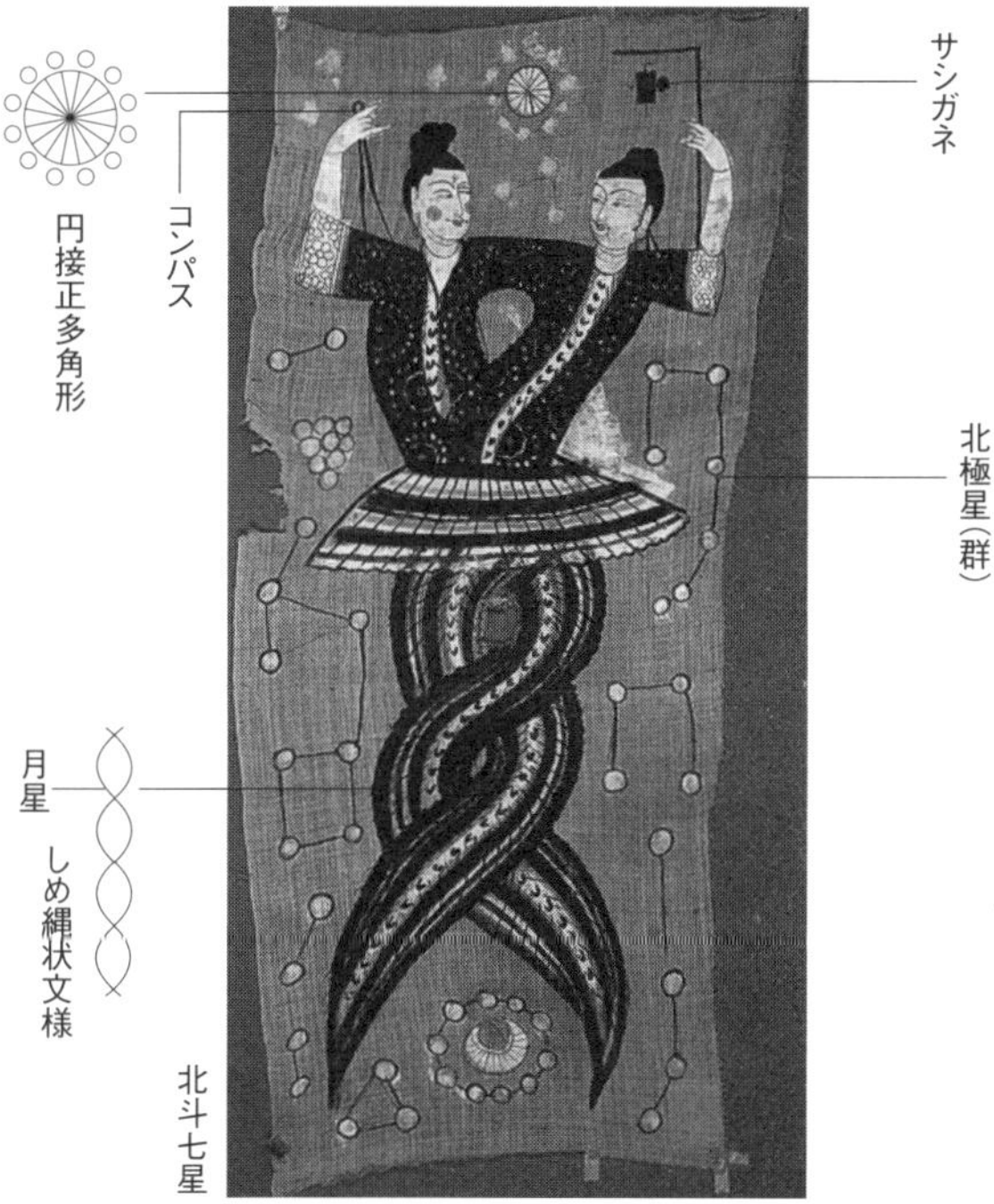

十六菊花の図

フリーメイソンのシンボル図

ヤ民族の子孫が住んでいたと考えられます。また、サシガネとコンパスの図は、フリーメイソンのシンボルですから、もしかしたら、フリーメイソンは北極星（妙見）信仰かもしれません。

蛇（龍）信仰の本質は生死再の螺旋《らせん》（波動）信仰である

古代より、蛇信仰や蛇をモチーフにしたものは世界中で見られますが、小生は北斗七星と関係があると考えています。多くの人が毛嫌いする蛇そのものを信仰するとは考えられないのです。また、龍は玉がなければ死ぬと言われますが、玉こそ水であり、その水源地は北極星であるわけですからうなずけます。

蛇と龍は同質異名であり、確かに蛇（マムシ）は古代人にとって恐怖であったし、蛇の脱皮力が

三輪山

生死の再生につながりますし、その点が信仰の対象になったことは否めませんが、その本質は決して蛇（龍）ではなく、蛇のとぐろを巻いた姿と生死再の螺旋（波動）のシンボルがつながったと捉えたほうが自然ではないでしょうか。神社の注連縄《しめなわ》も同じ意味だと思います。

その一例が三輪明神です。三輪山はひときわ形の整った円錐形の山で、古来から大物主大神《おおものぬしのかみ》が鎮まる神の山として信仰されてきました。この大物主大神は須佐之男神《すさのおのみこと》、北斗七星とつながります。三輪山は蛇神である大物主大神がとぐろをまいて鎮座されている姿とされています。

確かに蛇は、家の守り神とか金の神様とか縁起の良い神様と言われていますが、伊勢神宮の外宮にお祀りされている北斗七星の別称、豊受大神《とようけのおおかみ》は保食神《うけもちのかみ》（食物の神）とも言われていますから、辻褄が合います。これも小生の推理です。

第四章

縄文文明形而下的摂理体系図

縄文文明形而下《けいじか》的摂理体系図

縄文文明は、形而上と形而下が連動してつながっているので、諸先生の学説も参考にさせていただき、宇宙の普遍性に踏み込み、真言密教の曼荼羅《まんだら》的宇宙観と、推理と仮説と霊智を働かせ、深い瞑想に入り、形而下的摂理体系をまとめました。

また、縄文人の精神観や価値観を解明するということは縄文考古学を解明することに他なりません。しかも、遺跡と遺物を実証的立場からの考古学の原則であらなければならないことは当然であります。しかも、それが日本文明・文化の基底になっているということであるならなおさらのことです。『縄文―10,000YEAR'S AGO』の作者、戸田哲也氏は文中で次のように述べています。「過去一切の人間社会の復元には、それを取りまく環境、材質等の自然科学的分野も含めなければならない。そのため考古学研究に動植物学、地質学、地理学的知識が必要とされ、年代測定にはラジオカーボンデーティングなどの理化学的方法も活用することになる。さらに人間そのものを知るためには人間から学ぶ民族学、民俗学、心理学、社会学、宗教学、言語学、形質人類学、建築学、美術史等々の知識も必要とされる。つまり、人間を研究する一切の学問との関連のうえに成立するものであり、同時に、発掘を行う考古学者本人のパーソナリティをも問題にしなければならないところがある。しかし、このような多くの関連科学を一人の学者が消化することは不可能であり、現在の考古学研究には多くの学問の参加が求められる」

形而上的象徴体系図のところでも述べたように、まさにそのとおりであり、一万二〇〇〇年も続いた縄文文明を整合的に統一した解明は不可能に近いことと思います。

しかしながら小生は「和の文明」の本質を解明するため、さまざまな縄文文明のもどき化・シンボル化・モチーフ化・モザイク化されたものを参考にして研究し、疑問あるもの、矛盾するものが異形同質となって「和の文明」の基底にある原型にことごとくつながっていることを解明したのです。

特に本書での目的である、日本人の精神観（アイデンティティー）の基底にある縄文人の精神観の内容は、真言密教の曼荼羅的宇宙観と、アーサー・ケストラー著『ホロン革命』で確信できました。

それにしても、その精神観が一万年以上を経てもなお、現在の日本文明の基底に継承されて息通ししていることは、奇跡としか言いようがありません。

次の図の、形而下的摂理体系図をもとに、相関体係と連動して、象理観から精神観までを順次述べてみます。

相関体系

縄文文明形而下的摂理体系図

元・型・形	宇宙観	象理観	文明観	祀祭政	文化観	社会観	原理観	価値観	生命観	精神観（アイデンティティー）定理	機軸	公理	機縁	機能	機会
										根		根株		幹	枝
頁	34	91	93	95		96	98	99	106	144 〜 111					
摂理	むすひ（多様性の融和）・土	間象	精霊崇拝（アミニズム）	祀	共尊	生命の秩序	聖	生命	霊性	自立性 従属性	臨機	循環性	共振	応変	統制
								宗教	仏性	物質 心質 間質	包容	包容性	共尊	同胞	奉仕
		潜象	自然崇拝（マナイムズ）	祭	共生	自然の秩序	美	文化	品性	マルチレベルの融和体	自在	柔軟性	共鳴	秩序	寛容
								芸術	感性	規則 不規則	変化	動・静・螺旋性	共生	即応	創造
		顕象	祖先崇拝（アンセスティズム）	政	共育	社会の秩序	真	科学	理性	正反相補	相似	全体性	共和	同異	謙虚
								哲学	知性	有形・無形 網状・樹枝	網状	無差別性	共済	連鎖	忍耐
							善	倫理・道徳	徳性	正反融和 同種反発	相補	同胞性	共譲	多様	責任
								平和	情性	旋転 流転	無常	家庭性	共育	協調	感謝

※形而下…目には見えて形となって存在している
現代科学で計測できる限界値の10^{-18}cm以上の粒子の世界

象理観《しょうり》

宇宙は、目に見えるもの（顕象世界）と目に見えないもの（潜象世界）と、千変万化《せんべんばんか》を秘めているもの（間象世界《かんしょう》）が、自然に螺旋《らせん》状で融通《ゆうづう》しながら、あらゆるものと相補《そうほ》の関係で、過去・現在・未来の三世を循環しながら生滅流転を繰り返している永遠な存在です。

縄文人は、このことをテレパシー（感応）的に感知していたのです。見えるものと見えないものというと難しく感じるかもしれませんが、例えば昼は明るくて見える。夜は暗くて見えない。夕暮れ時は昼と夜の境目の中間です。昼と夜と夕暮れで三位一体ということです。

間象世界とは、水はある時は液体（水）になり、ある時は固体（氷）になり、ある時は気体（水蒸気）になりますが、このように環境に応じて千変万化する世界のことを指しています。

縄文人は宇宙の象理観から、定理（性質）／機軸（根）／公理（働き）／機縁（根株）／機能（幹）／機会（枝葉）へと精神観が育まれていったのです。それが、今の日本国に継承され、和の文明の基底となっているのです。このような文明は世界のどこにも見当たりませんし、今世紀は必ず日本文明の時代が来ると予言しておきます。

①**間象世界…間質《かんしつ》**

・千変万化する三性具有の世界

・環境に応じて物質にも心質にも間質にも臨機応変する

・間質である

（イ）仏教的表現でいうと「空」

（ロ）陰陽なし・上下なし・前後なし・表裏なし・明暗なし・高低なし…自由自在に動く

②**潜象世界…心質**

・見えない世界

・潜んでいる

・心質である

（イ）目には見えないが確実に存在している

（ロ）現代科学で計測できる限界値の10^{-18}（10のマイナス18乗）cm以下の素粒子（クォーク）が充満している世界

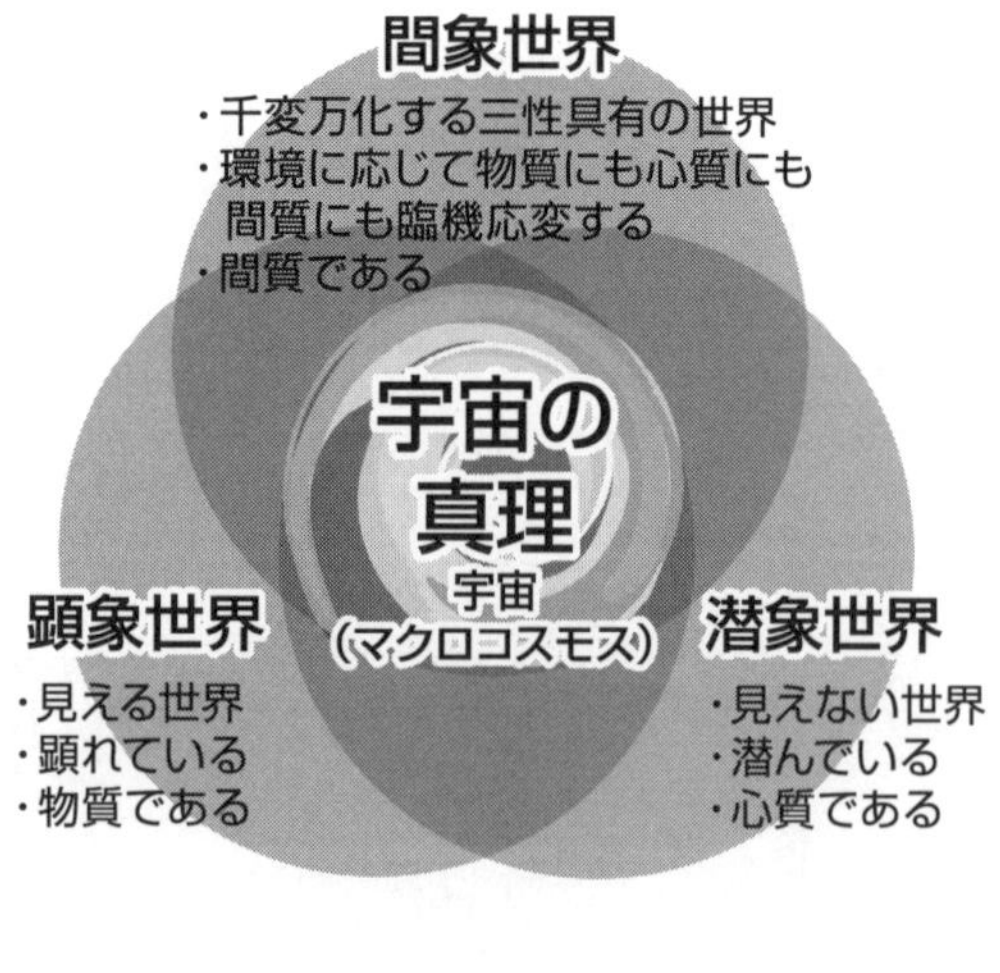

間象世界
・千変万化する三性具有の世界
・環境に応じて物質にも心質にも
間質にも臨機応変する
・間質である
宇宙の
真理
宇宙
（マクロコスモス）
顕象世界
・見える世界
・顕れている
・物質である
潜象世界
・見えない世界
・潜んでいる
・心質である

③顕象世界…物質

・見える世界

・物質である

（イ）目に見えて形となって存在している

（ロ）現代科学で計測できる限界値の10^{-18}cm以上の粒子の世界

文明観　三つの崇拝

①精霊《しょうりょう》崇拝　アニミズム

自然界に存在するすべてのものの中に尊い生命が宿っているというところから、精霊崇拝の共尊の祀りごとが生まれた

食べ物の中にも、水や火、木々にも、そして人間にも、共通する霊が宿ります。それを縄文人は八百万の神として祀り大切にしてきました。火を祀《まつ》り風に祈る。家の中のかまどやトイレにも神がいる。形はないかもしれませんが、もののけ

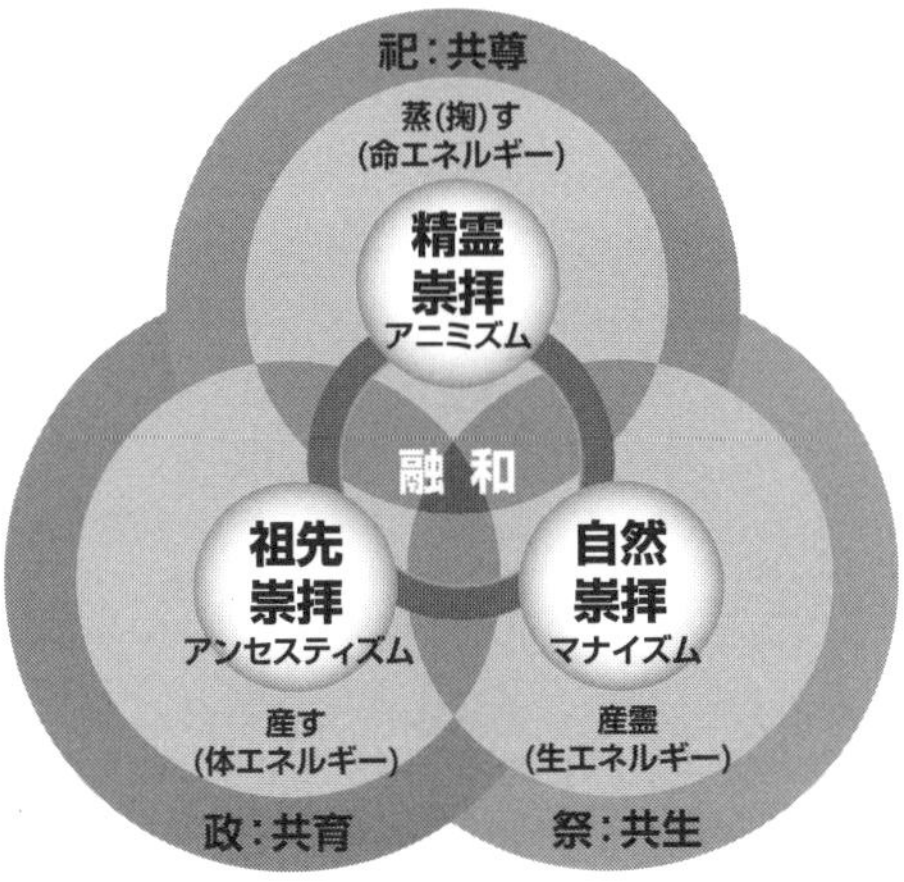

や何か潜んでいるというエネルギーを大切に祀ってきたのです。

②自然崇拝　マナイズム

自然界の偉大なる神秘的霊的エネルギーに畏敬《いけい》したところから、自然崇拝の共生の祭りごとが生まれた

日本には、「畏《おそ》れ」や「穢《けが》れ」の思想があります。自然界の偉大なる神秘的霊的エネルギーは、時には生成、時には破壊となります。例えば、水は人間のいのちの源ですが、洪水は脅威です。だから縄文人は自然を畏敬し、自然の恩恵に感謝しました。「畏れ」や「穢れ」は、人間の行動に抑制力を与えることの効果もあります。

③祖先崇拝　アンセスティズム

縄文人は自然界の物事の成り立ちを崇拝し、ご先祖から霊線でつながって頂いたいのちを崇拝するところから、祖先崇拝の共育の政りごとが生まれた

祖先を崇拝するとは、自分の生命のルーツである先祖を大切にするということだけではありません。物事の成り立ちを大切にするという意味なのです。そして霊線でつながっている先祖から

頂いたいのちを畏敬し尊厳するということです。

文明観　祀祭政《しさいせい》のまつりごと

①祀《まつ》りごと

縄文人は「自然界に存在するすべてのものの中に尊い生命＝神が宿っている」とする精霊崇拝（アニミズム）から、あらゆる生命を共尊する「祀りごと」を、生活の中で行ってきました。その根源＝万能の神様とつながり、その神様に近づくために、マツリゴトを行い、そのエネルギー（＝いのち）を呼び込もうとしました。

②祭りごと

縄文人は「自然界の偉大なる神秘的霊的エネルギーに畏敬《いけい》する」という自然崇拝から、自然と共生する「マツリゴト」を、生活の中で行ってきました。

③政りごと

縄文人は「自然界の物事の成り立ちを大切にする」という祖先崇拝から、

社会を共育する「マツリゴト」を行ってきました。社会を育てるということは、先祖から自分、そして子孫への生命の継承そのものだからです。

社会観　三つの秩序

①生命の秩序

生命は有形・無形につながって共尊しているから、生命の秩序を守らなければならない

生命の誕生ほど奇蹟的であり神秘的なものはありません。生命誕生の確率は、約五億分の一です。

これは男性の一回の射精の時の精子の数です。（最近は減っているそうですが）その中の、たった一匹が卵子と受精して、人のいのちは誕生します。

生命は人間にも、万物にも宿り、そして有形・無形に他の生命体との相補の関係で生かし生かされているという「秩序」があるのです。

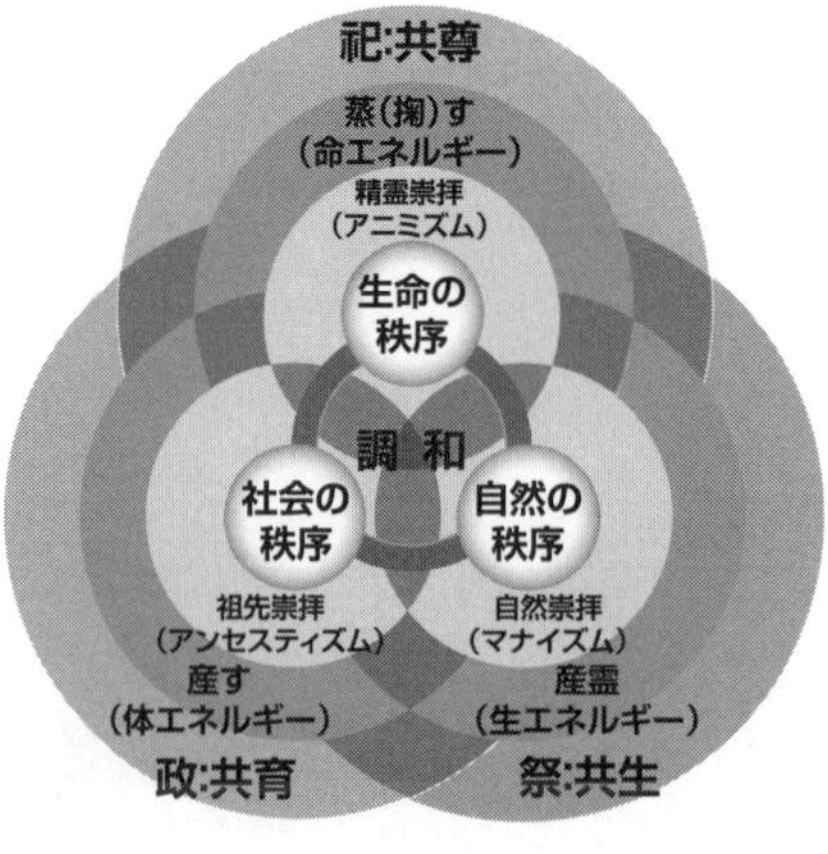

だからこそ、子作りに苦労していた縄文人はあらゆる生命体の秩序を守るために、生命を共尊する「祀りごと」を大切にしました。それが縄文人の「霊性」や「仏性」を育みました。

②自然の秩序

万物は自然に生かされて共生しているから、自然の秩序を守らなければならない

万物は、自然界の偉大なるエネルギーによって生かされているという「秩序」があります。日本の国土は七〇％の森林に囲まれ、三〇％の土地に人々が住んでいました。また、四方を海に囲まれ、自然の稔り・肥えた土地など、まさに自然の豊かさに恵まれてきたのです。

自然の秩序を壊せば、当然万物のいのちの「生き通し（息通し）」ができなくなります。だから、縄文人は自然の秩序をしっかり守っていく、自然と共生する「祭りごと」を大切にしました。それが縄文人の「品性」や「感性」を育みました。

③社会の秩序

社会はものごとの成り立ちがあってこそ共育できるから、

社会の秩序を守らなければならない

社会を動かしているのは人間です。人は先祖の誰一人が欠けても生まれてきません。

この営みのすべてがそのような「秩序」の中で営まれてきました。社会の「政りごと」ということです。子孫へとつながる代々の連続線上で先祖は社会を動かし、先祖があって今の自分も、同じように今の社会を「政りごと」によって動かしています。つまり、自分は社会によって育てられると同時に、社会を育てる責任も与えられています。だからこそ、縄文人は社会の秩序を守る「政りごと」を大切にしてきました。それが、縄文人の「理性」「知性」「徳性」「情性」を育みました。

原理観

縄文文明はギリシア文明以降の「真善美」に「聖」が加わった文明で、それが真善美のすべてに内包されているのです。まさに惟神《かんながら》の道そのものです。

①聖（生命性／宗教性）

縄文文明はすべてが「聖＝生」につながっているから驚きです。
縄文人の原理観には、独自の生命性／宗教性の価値観が内包されています。

②**美（文化性／芸術性）**

縄文文明は宇宙の普遍性（自然の摂理）のもどきですから、自然美が内包されています。

縄文人の原理観には独自の文化性／芸術性の価値観が内包されています。

③**真（科学性／哲学性）**

すべては真につながります。

縄文人の原理観には独自の科学性／哲学性の価値観が内包されています。

④**善（倫理・道徳性／平和性）**

すべては善につながります。

縄文人の原理観には独自の倫理・道徳性／平和性の価値観が内包されています。

価値観

①**生命性**

いのちはすべての根源

生命こそ「聖」なるすべてのすべてであり、それは形あるなしにかかわらず、あらゆる根源なるものです。人間や動植物だけでなく、あらゆる物の中にもいのちがあります。いのちある物だからこそ、魚や虫、針や包丁なども供養するのです。

物は単なる物体ではなく、物のいのちと心のいのちが一体となったもので、そのいのちの根源は同じ源から発し、たとえ死んで身体が無くなってもいのちは巡りこの世に戻ってくる、という縄文人の生命観なのです。だからこそ、物質的価値と精神的価値のバランスを大切にしてきました。また、人間の生命体も、宇宙そのものを縮小した小宇宙であると捉えていたのです。

②宗教性
融和《ゆうわ》させながらそれぞれの特徴を生かす

縄文人の宗教観は、自然の摂理そのものです。単なる宗教という概念や、人や物をはるかに超えた、あらゆる生命が尊いとするもので、その生命を神とよびます。人間が考え出した神を絶対的とする一神教は、人間の主義主張が中心となるため、今も争いが絶えません。

日本は自然に宿る「聖」なる生命そのものが神であり、それを八百万《やおろず》の神と呼ぶ汎（多）神教です。こういった宗教性は、異文化など、すべてを包み込み融和させていきながら、それぞれの特色も生かすことが特長です。移民してきた人も神も、この視点からみると自然のいのちの一つであり、違和感なく受け入れています。

③文化性

多面的に物事を捉え非対称的・未完成的・非合理的なものも大切にする

縄文人の文化観は「多面的に物事を捉え、また、非対称的・未完成的・非合理的なもの、まったく逆の発想を大切にする」中に「美」を見い出す文化価値を創りあげてきました。欧米的な物質的・論理的・合理的価値中心の文化ではなく、侘《わ》び寂《さ》びに代表されるように「間」の中にも美を見いだし、セミの鳴き声に静けさを感じ、風鈴から涼しさを導き出す文化は、世界でも日本独特のものです。

また、欧米の貴族文化は貴族と庶民には大きな隔たりがあり、相容れません。だから、貴族が使うブランドは庶民は使えません。しかし日本では、武士も商人もなく大衆文化です。また、その中に高い文化性があることが特長で、この独自性から、世界に誇れる技術大国日本は生まれたのです。それが縄文時代から育まれたのです。

④芸術性

生死再一如の全体美・部分美・普遍美

縄文人は、生死再一体の芸術観があります。すべての物事を普遍美として捉え、美しく生き、そして美しく死ぬ。日本の花と言えば桜ですが、桜の色は生命の色です。これは文化観にも共通して、「全体の美しさ」もあれば、「花一輪の美しさ」もあり、また散っていく花吹雪の美。さらに輪廻《りんね》して、春の日差しとともに、翌年には一斉に新しいいのちを芽吹かせる。そしてわずか一週間で潔く散っていく。生も死も重んじるというものです。縄文人は、躍動する自然の生命エネルギーの中に芸術性を見い出しました。

それが、そのまま社会のあらゆる制度・仕組み・仕事にも生かされています。欧米社会は唯物論ですから、見た目の美しさとしての芸術性はあっても、そこにいのちが息吹いている芸術性は見い出しにくい。反面日本社会は、着るもの、食べるもの、住まいなどのすべてにいのちが宿っている芸術的社会です。このような芸術性が縄文時代から育まれたのです。

⑤科学性

顕象・潜象・間象《かんしょう》の三位一体

現代社会は目に見えるもの（顕象）のみを科学と見なしていますが、日本人の科学観は、・目に見える（顕象）・目に見えない（潜象）・千変万化《せんぺんばんか》する（間象）の三つからできています。

目に見えるもの中心の科学では、まだ解決されていないことは多くありますが、実証中心の科学ではなく、一見非科学的・矛盾的な、あるがままの自然こそ科学であり、「真」なる姿と捉えます。だからこそ縄文人は現実主義といえます。

現実主義であればこそ、顕象・潜象・間象三位一体の科学性を持っていたと言えます。例えば、人間の運命は目に見えませんが、生命を生み出してくれた目に見えない祖先（過去）の中に、運命のカギが秘められていると捉えます。このような科学性が縄文時代から育まれたのです。

⑥哲学性

矛盾も真理の人類愛

縄文人の哲学観も自然が基本です。「あらゆるモノは、有形・無形につながって循環している。一見、相対している矛盾の中にも真理がある」というものです。どこまでも知性・理性からの真理を正しいとし、矛盾という存在を認めない欧米文明とは大きな違いがあります。

地球上に現れた最初の米の一粒は人間が作り出したものではなく、地球上の動物・植物・昆虫・鉱物…人間（個）も宇宙森羅万象（場）から生み出されたものであり、宇宙森羅万象（全体＝むすひ）から生み出された生命と「むすひ（融和《ゆうわ》）」して生かされているのです。

相矛盾するものすべてをただただ生かすのが自然です。このことこそ「真」であり、縄文人はこのような哲学観から、精神性よりも深い人類愛を養い、一万年以上の持続可能な社会づくりをしました。

⑦倫理・道徳性
自然は奇跡的である

自然は奇跡的です。あらゆる森羅万象は、混沌《こんとん》としてまとまりがあるようでないように見えますが、収まるところに収まります。現実がどれだけ矛盾に満ちていても自然界はそれを超越して秩序しています。人間欲ではそれは不可能に近いのです。縄文人は、どこまでも自然の秩序を基本にして社会秩序や人間の生き方や経済を発展させてきました。それは宇宙森羅万象の普遍性(自然・神)の分霊《わけみたま》と捉えていたからです。

現代は「得することなら悪いことでもする」という生き方が見られます。しかも「人類の得」ではなく「私だけの得」「我が社だけの得」です。しかし、いのちをひたすら育むために与え続ける自然のエネルギーこそ、無限愛であり母性愛・無償愛なのです。縄文人は、このような倫理・道徳観を育みました。

⑧平和性

すべての人類は家族

平和は地球全体の最重要問題ですが、日本人の平和観は、「すべての人類（万類）は家族であり、それぞれは有形・無形につながって生かし合って（融和して）いる」というものです。人類は約七〇〇万年前から進化し、今地球上で暮らしているすべての人のルーツは、約二〇万年前のアフリカにあると遺伝子的に解明されています。

現代社会は、国・人種・宗教・哲学などが争いの原因になっていますが、本来地球上のすべての人類は国籍・宗教・文化・文明・思想を超えた、生命の原点は元一つという、親子・兄弟姉妹の関係にあるということです。また、家族だからこそ弱いものも悪いものも切り捨てないのです。この「善」なる視点こそが縄文人であり、世界でも争いのない、治安が良い平和な社会づくりができたのです。

縄文人の価値観はそのまま一万年以上たっても今の日本人の価値観の基底に継承されているのですから、何事が起こっても中心軸はぶれないのです。

生命観

縄文人の生命観を現在的視点で大雑把《おおざっぱ》にまとめてみました。この特質も縄文人ならではの精神観があればこそです。

①霊性…融和《ゆうわ》の心、奉仕の心など

霊性を一言で表すならば「むすひ＝多様性の融和」ということになり、それこそが宇宙の普遍性で、これが縄文人の霊性観です。

②仏性…思いやり、感謝の心など

縄文人は太古の昔より「山川草木悉有仏性《さんせんそうもくしつうぶっしょう》」というように、万物・万象の中に生命性を見いだし畏敬《いけい》してきました。

③品性…けじめ、気配り、誠実さなど

宇宙の普遍性は自然の摂理そのものですから、縄文人はそれを守る品性を育みました。

④感性…柔軟性、想像力など

縄文人は、自然崇拝の生活を大切にしてきました。春夏秋冬の四季の移り変わりの微妙な変化をキャッチしていましたから、自ずと感性は磨かれました。

⑤理性…判断力、論理性など

縄文人の理性は、超合理の中に、合理性を見いだしているところに独自性があります。自然界の千変万化《せんべんばんか》の中から生きる智慧を学ばざるを得なかったからこそです。

⑥知性…聡明さ、分析力など

縄文人は、自然に生かされているという学びの中からお互いがウィンウィン（共生かし）となる知性を育んできました。今の日本人の曖昧《あいまい》さも縄文人のＤＮＡを引き継いでいるかもしれません。

⑦徳性…正直さ、公益心など

縄文人は万物・万象は神（自然）の分霊《わけみたま》という捉え方をしているから、その尊い存在を大切にしなければならない、という生き方から徳性を育んできました。

⑧情性…援助心、同情心など

自然界は一見何の矛盾もないように見えて、冷静に見れば矛盾だらけです。しかし、やがては収まるところに収まります。縄文人はこの矛盾を受け入れる情性を育んだのです。

原理観にしても、生命観にしても、日本文明と重なることばかりです。しかし、今の日本人の生命観は、欧米文明の唯物論的価値観にほぼ完全に染色され換骨奪胎《かんこつだったい》されています。

人間の精神（生命）は七段階で進化する

縄文人の精神観が、宇宙の普遍性・摂理を内包した霊的にいかに高いレベルにあったかを左図を参考に述べてみます。

人間の精神は低い動物次元の肉体生命から生と死と再を繰り返しながら、肉体を越えた神的な精神（生命）へと進化していき、精神（生命）進化の完成までの間に「七段階」あるのです。お釈迦さまが生まれてすぐに七歩歩んだという「七」という数字は、精神（生命）進化の七段階とつながっているのです。

人間の精神(生命)は七段階で進化する

①感覚を発達させる段階
②欲望と感情を発達させる段階
③知性と理性を発達させる段階
④魂の意識に目覚める段階
⑤肉体生命を超えた霊的生命への進化の段階
⑥さらに進化した霊的生命への段階
⑦大宇宙生命との合一

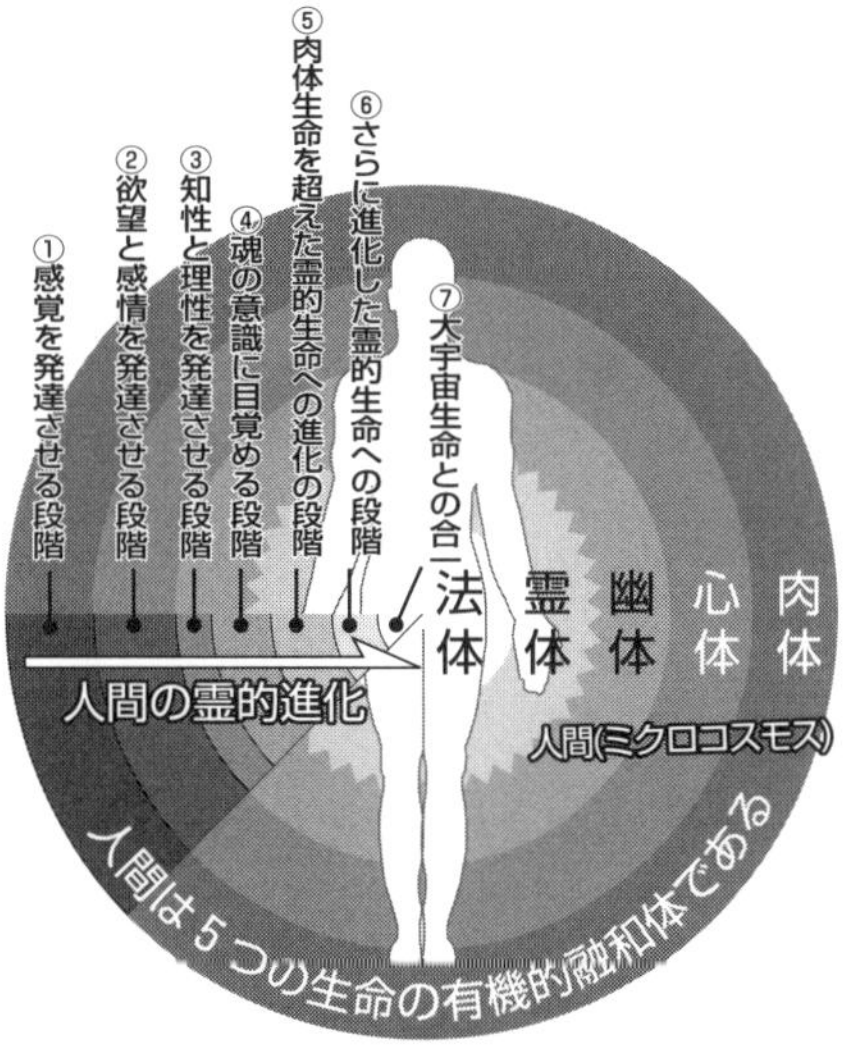

五体	肉体	心体	幽体	霊体	法体
神智学		エーテル体	アストラル体	コーザル体	ブッディ
影響力	門番 受付	秘書	主人公	聖霊	真如
生活舞台	5～10%	90～95%		∞	
仏教唯識学	眼-色 耳-声 鼻-香 舌-味 身-触 識 分別識 観察識	末那識 迷識	阿羅耶識 蔵識	奄魔羅識 本覚識	無碍識 空識
価値観	自他利	自利	自利	他利	無碍
生活観	自我	自我	自我	真我	無垢
脳波	β波 (14ヘルツ)	α波 (7ヘルツ)	θ波 (4ヘルツ)	δ波	∞波
心理学	顕在意識	潜在意識	深層意識	霊層意識	超越意識
行動識	現行意識	習慣意識	衝動意識	霊層意識	大宇宙意識
意識	個人意識(外的)	個人意識(内的)		大宇宙意識	
	←死ぬと消える→		←死して残る→	←永遠(無限)→	
霊的進化	←動物生命→			←霊的生命→	←大宇宙生命→

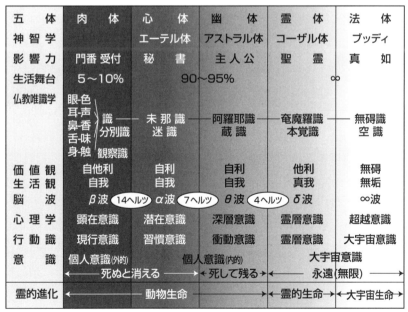

図のように人間の生命体は、肉体・心体・幽体・霊体・法体の五つの有機的融和体でできており、それぞれ特質に違いがあり、心理学では、人間の行動の九〇%〜九五%は深層意識によって動かされることが証明されております。

この意識は感情（本能）意識で理屈理論は通用しませんし、「わかっちゃいるけどやめられない」もその一つです。また、衝動的に動かす意識でもあるのです。

この意識は、「自利」つまり「自分都合中心」ということです。それは、人類が自然の脅威や恐竜・毒蛇などの脅威から自分を守り生き残るために、自然と身につけた保身術が遺伝子的に相続されてきたので仕方のないことです。

しかし、人間の真我は霊体にあり、本質は「他利」で、仏教唯識学では「本覚識《ほんがくしき》」といい、この意識こそ縄文人が育んだ精神（生命）観なのです。

なぜそのような精神（生命）観ができたかというと、前にも述べましたが、衣食住の環境に恵まれていたということと、自然を神として、起こることのすべては神のなせるわざ（宇宙の普遍性・摂理）という包容観があったからこそです。

精神（生命）進化の七段階では、縄文人の精神レベルは⑤⑥であり、ほとんどの現代人が①〜④までのレベルであることから比較すると、いかに精神レベルが高かったかということがわかります。二〇一一年三月一一日に起こった東日本大震災において、世界から称賛された美徳もそのひとつなのです。そのＤＮＡが今の日本人の深層（霊層）意識に継承されているのです。

宇宙の普遍性から育まれた縄文人の八つの精神（生命）観

本書の最大の目的は、縄文人の精神（生命）観の解明にあります。それを、形而上《けいじじょう》的象徴体系図をもとに、宇宙の普遍性（むすひ）を土とし、定理（性質）・機軸（根）・公理（働き）・機縁（根株）・機能（幹）・機会（枝葉）と縄文文明樹にまとめたと同じように、形而下的摂理体系図をもとに、縄文人精神（生命）観樹としてまとめました。

縄文文明及び縄文人の精神（生命）観の解明なくして、縄文文明の基底にある「和の文明」の本質は解明できません。

「図解」の、「一万年かけて日本人のＤＮＡに刻まれた縄文のＤＮＡ」で述べたように、縄文人の多様力・循環力・応用力・柔軟力・情報力・工夫力・味覚力・自然順応力・環境適応力や、三次元を超越した四次元、つまり宇宙の普遍性を霊的インスピレーションで感じる三六〇度、上下、左右、前後、表裏、明暗、高低などの球体的発想力の根源もご理解いただけると思います。

いよいよ、宇宙の普遍性に内包される八つのフラクタル構造と、定理（性質）・公理（働き）より育まれた縄文人の八つの精神観樹の本丸に入ります。

ただし、できるだけ理解しやすいように区別して説明していますが、これら八つの精神観は有形無形にブレンドしてつながっています。

縄文人は形而上の始元にあるのは「むすひ」の項（三四頁）で述べたように、宇宙神羅万象に普遍している目に見えるもの（顕象世界）、目に見えないもの（潜象世界）、両方を兼ね備えている三性具有（間象世界）をテレパシー（感応）的に感知しており、それをむすひ（融和）循環させる霊的な存在に気づいていました。

まさに、「多様性の融和」そのものが縄文文明であり、その基底に日本文明が育まれました。ですから、絶対的な意味での全体もなければ部分もないということです。

T（時）P（場所）O（機会）において臨機応変するということで、精神観もしかりです。そのことを含んでお読みください。

宇宙の普遍性に内包されている
定理と公理から育んだ八つの精神（生命）観

宇宙の普遍性に内包されている八つのフラクタル構造

	普遍性	定理（性質）	機軸（根）	公理（働き）	機縁（根株）	機能（幹）	機会（枝葉）
（1）	むすひ（多様性の融和）	①自立性 従属性	①臨機	①循環性	①共振	①応変	①統制
（2）		②物質 心質 間質	②包容	②包容性	②共尊	②同胞	②奉仕
（3）		③マルチレベルの融和体	③自在	③柔軟性	③共鳴	③秩序	③寛容
（4）		④規則 不規則	④変化	④動・静・螺旋性	④共生	④即応	④創造
（5）		⑤正反 相補	⑤相似	⑤全体性	⑤共和	⑤同異	⑤謙虚
（6）		⑥有形・無形 網状・樹枝	⑥網状	⑥無差別性	⑥共済	⑥連鎖	⑥忍耐
（7）		⑦正反融和 同種反発	⑦相補	⑦同胞性	⑦共譲	⑦多様	⑦責任
（8）		⑧旋転 流転	⑧無常	⑧家庭性	⑧共育	⑧協調	⑧感謝

縄文人精神(生命)観樹

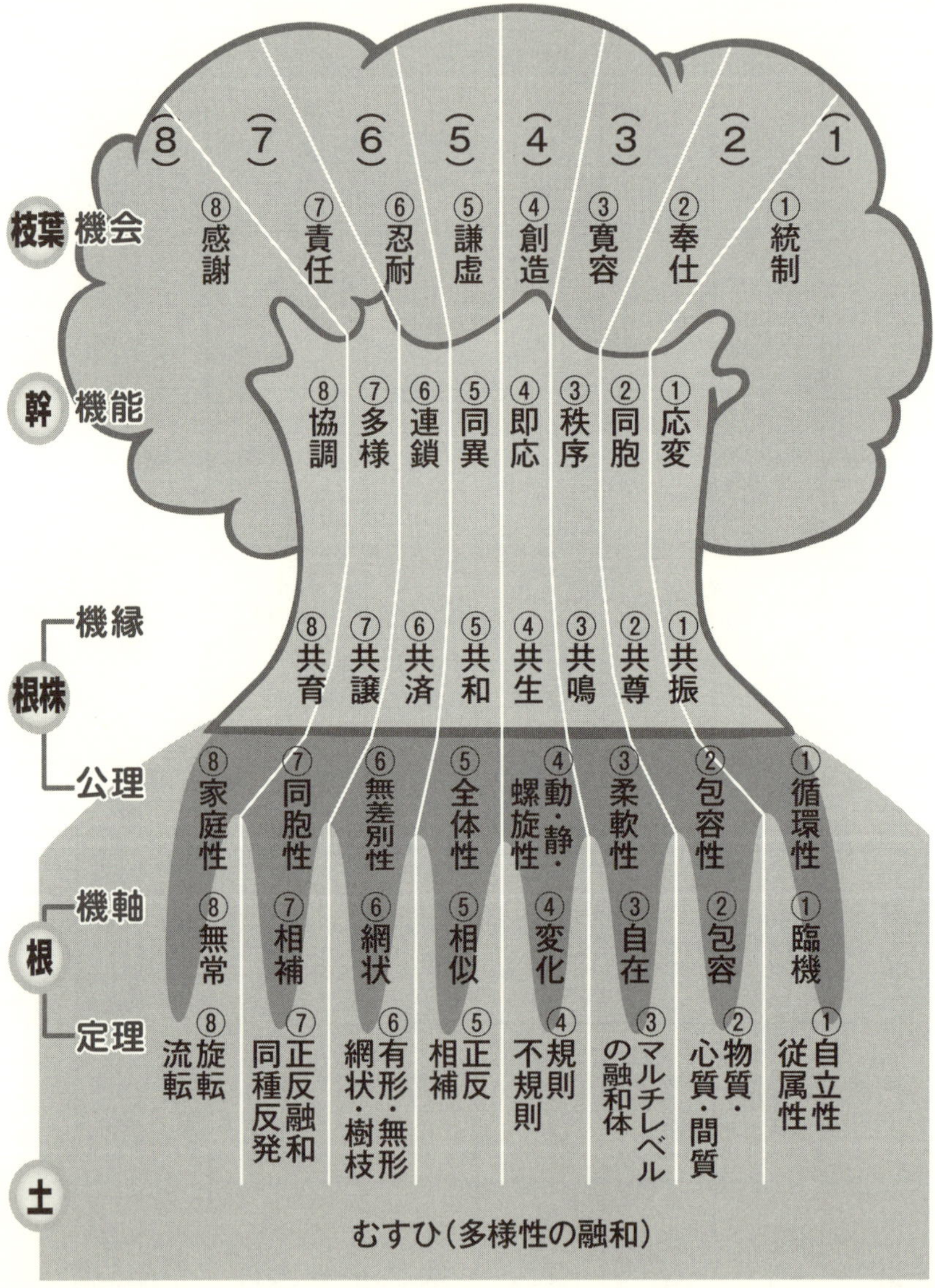

①
②
③
④
⑤
⑥
⑦
⑧
枝葉 機会
①統制
②奉仕
③寛容
④創造
⑤謙虚
⑥忍耐
⑦責任
⑧感謝
幹 機能
①応変
②同胞
③秩序
④即応
⑤同異
⑥連鎖
⑦多様
⑧協調
根株
機縁
①共振
②共尊
③共鳴
④共生
⑤共和
⑥共済
⑦共譲
⑧共育
公理
①循環性
②包容性
③柔軟性
④動・静・螺旋性
⑤全体性
⑥無差別性
⑦同胞性
⑧家庭性
根
機軸
①臨機
②包容
③自在
④変化
⑤相似
⑥網状
⑦相補
⑧無常
定理
①自立性 従属性
②物質・心質・間質
③マルチレベルの融和体
④規則 不規則
⑤正反 相補
⑥有形・無形 網状・樹枝
⑦正反融和 同種反発
⑧旋転 流転
土
むすひ(多様性の融和)

縄文人の八つの精神観

その1

定理（性質）

①万物・万象は自立性と従属性を持っている

万物・万象は個人主義と集団主義のようなものを内包している。

例えば、人間も自然から自立して生活を営みますが、食料を調達する場合は、自然に従属しなければ生きていけません。また、人間の身体も腕だけで動くとき腕は自立していますが、しかし、身体の部分として動く時は従属してT（時）P（場所）O（機会）に臨機応変しているのです。

機軸（根）

①臨機

参考モチーフ

人面風の大把手のついた深鉢
四方神面文深鉢（長野県井戸尻遺跡出土）
写真：井戸尻考古館

定理から臨機が生ず。

万物・万象は自立性と従属性を持っているということは、T（時）P（場所）O（機会）に則して、臨機力の機軸が生じます。つまり、万物・万象は状況に応じて臨機応変しているということです。

公理（働き）

①有形と無形が循環し合っている

万物・万象は有形と無形が循環し合っている。

水のように環境に応じて固体・液体・気体に千変万化《せんぺんばんか》して、有形と無形が循環し合っています。水は気温に共振し、暑ければ水蒸気に、冷たければ氷となります。水と氷は形があり、目に見えますが、蒸発して空気中にまじれば目に見えなくなります。

機縁（根株）

①共振（引き込み）

定理から臨機が生じ　公理から共振が生ず。

万物・万象は有形と無形が循環し合っているということは、一見無関係のように見えても、お互いがつながり引き合うという共振力の機縁が生じます。つまり、陰に陽に臨機力をもって、共振（引き込み）し合うということです。

機能（幹）

①応変

定理から臨機が生じ　公理から共振が生じ　共振から応変が生ず。

万物・万象は応変するということは、その時々に応じて絶妙に変化し、バランスを取ろうとする機能が生じます。自然は常にファジー（曖昧《あいまい》）に動き、その時々で絶妙に応変し、バランスを取ろうとします。この自然の摂理を社会に生かしました。その究極が江戸時代の循環型システムです。つまり、共振力をもって応変しているということです。

機会（枝葉）

①統制

定理から臨機が生じ　公理から共振が生じ
共振から応変が生じ　応変から統制が生ず。

万物・万象には統制があるということは、一見自然にも人間にも矛盾があるように見えても、最終的には収まるという機会が生じます。人間のいのちの営みも同様です。つまり、応変力をもって統制するということです。

その2

定理（性質）

②万物・万象は物質と心質と間質を内包している

万物・万象は見えるもの（物質）と見えないもの（心質）と、中間（間質）で成り立っています。「間質」と

参考モチーフ

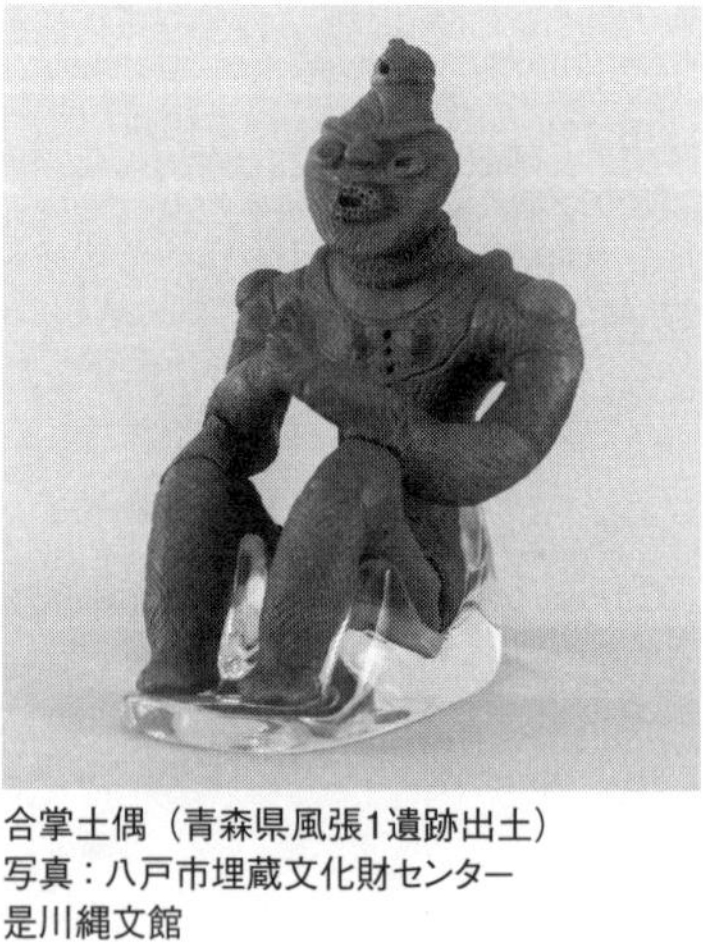

合掌土偶（青森県風張1遺跡出土）
写真：八戸市埋蔵文化財センター
是川縄文館

は「物質」にも「心質」にもなる特質で、「心質と間質」は物質の中に見えない形で内包されています。

機軸（根）
②包容

定理から包容が生ず。

万物・万象は宇宙の普遍性である元一つの生命（神・仏）の分霊《わけみたま》である物質と心質と間質を内包しているということは、すべてのものを片寄りなく受け入れるという包容力の機軸が生じます。つまり、万物・万象はすべてのものを包容しているということです。

公理（働き）
②包容力がありお互いを認め合っている

万物・万象は包容力があってお互いを認め合っている。

同じように、人と人との間も善悪損得がぶつかり合うことは避けられないからこそ、共尊の境地に立たなければ、まとまるものもまとまりません。人間のお腹の中にいる善玉菌と悪玉菌の関係も同じです。悪玉菌が増えすぎると健康に影響が出ますが、まったく無くなるとバランスが崩れてしまいます。長所は短所となり、短所は長所となる、自然はそういう働きを内包しています。

機縁（根株）

②共尊

定理から包容が生じ　公理から共尊が生ず。

万物・万象は包容力があってお互いを認め合っているということは、お互いを尊びあうという機縁が生じます。つまり、包容力をもって共尊し合うということです。

機能（幹）

②同胞

定理から包容が生じ　公理から共尊が生じ　共尊から同胞が生ず。

万物・万象は宇宙の普遍性である元一つの生命（神・仏）から生まれた分霊だということは、すべてが同胞という機能が生じます。あらゆる生命体に流れる自然のエネルギーを「むすひ」と呼びました。動植物も人間も、姿形は違ってもすべてが同胞です。日本社会には過去、奴隷制度はありません。自然の姿を社会づくりの規範にした一例です。つまり、共尊力をもって同胞しているということです。

機会（枝葉）

②奉仕

定理から包容が生じ　公理から共尊が生じ
共尊から同胞が生じ　同胞から奉仕が生ず。

万物・万象はすべての生命に奉仕しているということは、すべての営みや生命をただただ生かすための奉仕という機会が生じます。太陽の光は誰でも浴びることができる。空気も悪人だからといって吸って悪いということはありません。つまり、同胞力をもって奉仕するということです。

その3

定理（性質）

③万物・万象は、マルチレベル（多層）の融和《ゆうわ》体を成し、絶対的な意味での全体や部分は存在しない

万物・万象は自在性を内包している。人間でたとえてみましょう。人は、頭・胴体・腕・足の部分の集まりで全体となります。腕は身体がないと機能しません。身体も腕がないと機能しません。腕は腕としての独自の働きをするので全体ですが、身体があってこそです。身体も全体の働きはしますが、腕があってこそです。だから、絶対的な意味での全体や部分は存在しません。

機軸（根）

③自在

定理から自在が生ず。

参考モチーフ

五段くびれの大深鉢
双眼五重深鉢（長野県藤内遺跡出土）
写真：井戸尻考古館

万物・万象はマルチレベルの融和体をなし、絶対的な意味での全体や部分は存在しないということは、Ｔ（時）Ｐ（場所）Ｏ（機会）に則して自在力の機軸が生じます。つまり、万物・万象はそれぞれが自立した存在で、自在であるということです。

公理（働き）

③中心はあるが固定的でなくその状況に応じた柔軟性がある

万物・万象は中心はあるが固定的ではなく、状況に応じて柔軟性がある。

中心は、その時その場によって動いていきます。企業でたとえれば、会社には社長という中心がいます。しかし、会社の売上げの側面から見ると営業が中心となりますし、人事の側面から見ると労務が中心となります。しかし、企業の中でのバランスはしっかりと保っています。このように状況に応じて、非常に柔軟なリズムを持っています。

機縁（根株）

③共鳴（リズム）

定理から自在が生じ　公理から共鳴が生ず。

万物・万象は中心はあるが、固定的でなく、その状況に応じて柔軟性があるということは、T（時）P（場所）O（機会）に則して、何事も縁（共鳴）を大切にするという機縁が生じます。つまり、自在力をもって共鳴し合うということです。

機能（幹）

③秩序

定理から自在が生じ　公理から共鳴が生じ　共鳴から秩序が生ず。

万物・万象には秩序があるということは、すべての生命は自然の秩序に生かされているという機能が生じます。春夏秋冬の順番に四季は巡り、水は上から下に流れます。すべての存在は自然の秩序の中で生かされているのです。つまり、共鳴力をもって秩序しているということです。

機会（枝葉）

③寛容

定理から自在が生じ　公理から共鳴が生じ
共鳴から秩序が生じ　秩序から寛容が生ず。

万物・万象は寛容そのものです。ということは、自然は常に変化しているので、その時々に応じて自然に即した寛容さを持つという機会が生じます。寛容さは日本人の曖昧さに通じると言えますが、その真意は自然と共生することの大切さを身につけてきた慣習であり智慧なのです。つまり、秩序力をもって寛容になるということです。

その4

定理（性質）
④万物・万象は、固定した存在ではなく、規則性・不規則性を持ち常に変化している

万物・万象は固定した存在ではなく、規則性・不規則性を持ちながら常に変化している。

日本の四季も規則的に春夏秋冬が循環します。しかし、

参考モチーフ

漆塗り注口土器
写真：八戸市埋蔵文化財センター
是川縄文館

毎年同じ日から季節が変わるのではなく、年によっては時期がずれたり、期間の長短があったりして、不規則なリズムを持っています。

機軸（根）

④変化

定理から変化が生ず。

万物・万象は固定した存在ではなく、規則性・不規則性を持ち、常に変化しているということは、Ｔ（時）Ｐ（場所）Ｏ（機会）に則して変化力の機軸が生じます。つまり、万物・万象は状況に応じて変化しているということです。

公理（働き）

④動的エネルギーと静的エネルギーと螺旋《らせん》エネルギーがある

万物・万象はある時は動き、ある時は微動だにせず、ある時は螺旋状にと、動的エネルギーと静的エネルギーと螺旋エネルギーがある。

人間も忙しく動き回る時もあれば、じっくり腰をすえる時もあれば、螺旋状に動く時もあります。動と静は一見相対的に見えますが、螺旋エネルギーが万物の動と静のエネルギーと共生して成り立っています。

機縁（根株）

④共生

定理から変化が生じ　公理から共生が生ず。

万物・万象は動的エネルギー・静的エネルギー・螺旋《らせん》エネルギーがあるということは、表は裏、敵は味方と、T（時）P（場所）O（機会）に則して共生するという機縁が生じます。つまり、変化力をもって共生し合うということです。

機能（幹）

④即応

定理から変化が生じ　公理から共生が生じ　共生から即応が生ず。

万物・万象は即応しているということは、例えば木の幹は、北は寒いので成長しにくいですが、南側の日が当たる方は成長するように、一本の幹の中でも自然に即応しているという機能が生じます。だから北の木は北の柱にというように、自然の即応の姿を生かした社会づくりを日本人は行いました。つまり、共生力をもって即応しているということです。

④創造

機会（枝葉）

定理から変化が生じ　公理から共生が生じ

共生から即応が生じ　即応から創造が生ず。

万物・万象は創造しているということは、自然はありとあらゆるモノを生み出すという機会が生じます。形や色、そして役割、すべてに創造エネルギーが内包されており、このことから日本人はモノづくりの真意を学びました。つまり、即応力をもって創造するということです。

その5

定理（性質）

⑤万物・万象は、正反が対称的に作られた相似構造をしているが完全な対称ではなく僅《わず》かに歪《ゆが》みがある

万物・万象は左右対称的であるが、まったく同じかというとそうではなく微妙に違いがある。

二〇〇八年にノーベル物理学賞を受賞された小林誠博士、益川敏英博士、南部陽一郎博士の三名の先生は、これを「対称性の破れ」と言われています。これは宇宙の神秘そのものです。選挙でも同一票数であれば、選挙し直さなければなりませんが、五一％と四九％であれば、わずか二％の差でもこの差によって動きが生じます。完全な対称ではなく「相似」というわずかな歪みの中にこそ、無限の可能性が秘められています。

機軸（根）

⑤相似

参考モチーフ

渦巻きのわきあがる深鉢
水煙渦巻文深鉢（長野県曽利遺跡出土）
写真：井戸尻考古館

定理から相似が生ず。

万物・万象は正反が対称的に作られた相似構造をしていますが、完全な対称ではなく僅《わず》かな歪《ゆが》みがあるということは、すべての存在は似ていますが微妙な違いがあるという相似力の機軸が生じます。つまり、万物・万象は富士山のように左右対称でも微妙な違いがあるということです。

公理（働き）

⑤全体的で片寄りがない

万物・万象は全体的で片寄りがない。

人は自分を基準に左右、上下を決めますが、宇宙にはもともと右も左も、上も下もありません。そういうものを内包しています。母親は、よい子も悪い子も一時的な感情に左右されることはあっても、平等にかわいがっています。家族もそれぞれ意見は違いますが、お互い共和しながら営んでいます。社会現象も同じです。

機縁（根株）

⑤共和

定理から相似が生じ　公理から共和が生ず。

万物・万象は全体的で片寄りがないということは、すべての存在は右と左、上と下、前と後という形姿はあっても、全体的には一つですから、一方に片寄らないという機縁が生じます。つまり、相似力をもって共和し合うということです。

機能（幹）

⑤同異

定理から相似が生じ　公理から共和が生じ　共和から同異が生ず。

万物・万象は同異的だということは、宇宙の普遍性である元一つの生命（神・仏）から生まれても、分霊《わけみたま》にはそれぞれ違う役目があるという同異の機能が生じます。人間の身体も元一つであっても、頭・胴体・両手・両足と同異です。それぞれの役目の違いが集まって、人間の身体をつくっています。動植物も同じです。つまり、共和力をもって同異しているということです。

機会（枝葉）
⑤謙虚

定理から相似が生じ　公理から共和が生じ
共和から同異が生じ　同異から謙虚が生ず。

万物・万象は謙虚です。天変地異が起ころうと、戦争が起ころうと、豊かな稔りがあろうと、生命をはじめ、あらゆる恵みを与えてくれる自然は、あるがままです。ということは、何事においても謙虚という機会が生じます。つまり、同異力をもって謙虚になるということです。

その6

定理（性質）
⑥万物・万象は有形・無形に網状化と樹枝化でつながっている

万物・万象は目に見える見えないにかかわらず、つながっている。

人間の身体は、細胞と神経が網の目でつながっています。根と幹と枝がつながって樹木になるように、足と胴体と手と頭がつながって身体になっています。つまり網状化と樹枝化でつながっているのです。

機軸（根）
⑥網状

定理から網状が生ず。

万物・万象は有形・無形に網状化と樹枝化でつながっているということは、すべての存在は切っても切れない関係に有るという網状力の機軸が生じます。つまり、万物・万象は縁がないようでも、どこかでつながっているということです。

公理（働き）
⑥それぞれに役割はあっても差別はない

参考モチーフ

始祖女神像（長野県坂上遺跡出土）
写真：井戸尻考古館

万物・万象はそれぞれの役割を果たしながら、区別はあっても何ら差別はない。

働きの違いはありますが、上下関係はありません。それを職場でたとえると、社長には社長の役割があり、社員にも一人ひとりに与えられた役割があります。その意味においては平等に助け合っている、つまり、共済の関係にあるのです。社長が社長の役割を果たせなければ、社長の資格はないということです。

⑥共済

機縁（根株）

定理から網状が生じ　公理から共済が生ず。

万物・万象はそれぞれ役割があっても差別がないということは、お互いがつながって助け合うという機縁が生じます。つまり、網状力をもって共済し合うということです。

機能（幹）

⑥連鎖

定理から網状が生じ　公理から共済が生じ　共済から連鎖が生ず。

万物・万象はあらゆる意味で有形・無形につながっています。宇宙の歴史、人類の歴史を振り返ると、そこには数珠のように一直線に並ぶ生命の連鎖があります。ということは、どの珠も一つとして切れるものはないという連鎖の機能が生じます。この連鎖の原点を大切にする社会を、日本人は築いてきました。つまり、共済力をもって連鎖しているということです。

機会（枝葉）

⑥忍耐

定理から網状が生じ　公理から共済が生じ

共済から連鎖が生じ　連鎖から忍耐が生ず。

万物・万象は春夏秋冬どのようなことが起ころうと、耐え続けています。ということは、何事においても忍耐という機会が生じます。人間もそういう忍耐を自然から学んできました。継続には忍耐はつきもので、日本人は自然と共生し、これを苦にせず肥やしにしてきたのです。つまり、連鎖力をもって忍耐するということです。

その7

定理（性質）

⑦万物・万象は正反は親和し同種は反発する

万物・万象は互いに補う関係にあるが、磁石のように違う極はくっつき、同極は反発する。宗教でたとえると、今世界を動かしているキリスト教の欧米諸国、イスラム教のアラブ諸国、ユダヤ教のイスラエルは一神教で、お互い自分たちの教えを絶対としているから反発し合っています。しかし、汎《はん》（多）神教の日本は、どの教えとも表裏一体なので、どこの国とでもお互いが補いながら仲良くできます。

参考モチーフ

火焔型土器（新潟県笹山遺跡出土）
写真：十日町市博物館

機軸（根）

⑦相補《そうほ》

定理から相補が生ず。

万物・万象は正反は親和し、同種は反発するということは、すべての存在は同種・異種で混成されているゆえ、相補する必要があるという相補力の機軸が生じます。つまり、万物・万象は同じではなく、作用・反作用の関係にあるということです。

公理（働き）

⑦同胞的である

万物・万象は同胞的である。

「人類みな兄弟」とよく言いますが、国籍・人種は違っていても、元をたどればすべては親子・兄弟姉妹です。しかも、すべてが密接につながっています。同胞とはそういうことです。人間も家族で食べ物を分かち合っています。鳥も一人前になるまでは、親鳥が自分の食事を後回しにしても子供にえさを与えていきます。宇宙にはそのような譲り合いの精神が生きています。

機縁（根株）

⑦共譲

定理から相補が生じ　公理から共譲が生ず。

万物・万象は同胞的であるということは、それぞれが対等の立場にあるのだからT（時）P（場所）O（機会）に則して譲り合うという機縁が生じます。つまり、相補力をもって共譲し合うということです。

機能（幹）

⑦多様

定理から相補が生じ　公理から共譲が生じ　共譲から多様が生ず。

万物・万象は豊かな多様性の集合体だということは、それぞれが親和したり反発したり、譲り合ったりしながらも、生かし合っているという多様の機能が生じます。つまり、共譲力をもって多様しているということです。

機会（枝葉）

⑦責任

定理から相補が生じ　公理から共譲が生じ

共譲から多様が生じ　多様から責任が生ず。

万物・万象は見える見えないにかかわらず責任的です。人は生きるために、他の多くの生命を犠牲にします。ということは、すべてに責任を取るという機会が生じます。その生き方を人間は自然の摂理から学びました。つまり、多様力をもって責任を持つということです。

その8

定理（性質）

⑧万物・万象は周期があり旋転・循環しながら生滅流転している

万物・万象は宇宙誕生以来常なるものはなく、生死が繰り返されている循環の連続線に今がある。

人間の一生も一瞬の刹那《せつな》に過ぎませんし、細胞も新陳代謝によって、新しい細胞と死滅していく細胞が生死再を繰り返して循環しています。身体のバイオリズムも、善し悪しを繰り返し、四季も周期の移り変わりの中で生滅流転を繰り返しています。旋転とは螺旋《らせん》のようにという意味ですが、人間の遺伝子も螺旋のような仕組みになっています。

参考モチーフ

縄文時代中期の大木系土器
（一王子遺跡出土）
写真：八戸市博物館

機軸（根）

⑧無常

定理から無常が生ず。

万物・万象は周期があり、旋転・循環しながら生滅流転しているということは、すべての存在は常なるものがないという無常力の機軸が生じます。つまり、万物・万象は何事も固定的なものはなく新陳代謝を繰り返しているということです。

公理（働き）

⑧家族的で助け合っている

万物・万象は家族的で助け合っている。

生命は宇宙の普遍性である元一つの生命（神・仏）から生み出された分霊《わけみたま》です。分霊は動物・植物・土・岩・水と多種多彩ですが、すべては兄弟姉妹でつながっていて、どれ一つが欠けても成り立ちません。例えば、人間は二酸化炭素を吐き出し、植物は酸素を作ります。植物に人間は生かされ、人間は植物を生かしています。これが共育…共に育むということです。植物と人間というまったく異質なものでも、一つの大きな家族ということです。

機縁（根株）

⑧共育

定理から無常が生じ　公理から共育が生ず。

万物・万象は家族的で助け合うということは、すべては元ひとつであるがゆえに、共に育てようとする機縁が生じます。つまり、常なるものが無いゆえ無常力をもって共育し合うということです。

機能（幹）

⑧協調

定理から無常が生じ　公理から共育が生じ　共育から協調が生ず。

万物・万象は人間と樹木が呼吸しながら循環しているように生かし合っているということは、すべての存在は立場の違いがあっても、無意識的に協調しながら生かし合っているという機能が生じます。つまり、共育力をもって協調しているということです。

機会（枝葉）

⑧感謝

定理から無常が生じ　公理から共育が生じ

共育から協調が生じ　協調から感謝が生ず。

万物・万象は言葉には出しませんが、お互い感謝し合って成り立っている。ということは、何事においても感謝という機会が生じます。人間はあらゆるものを自然から与えられて生かされているからこそ、感謝をする生き方を学びました。つまり、協調力をもって感謝するということです。

縄文人の精神観を宇宙の普遍性に内包されている八つのフラクタル構造と定理・公理にもとづいてまとめました。ただし、縄文人の精神観をできるだけ具体的に理解していただくため分別しただけで、これら八つの精神観は有形無形にブレンドしてつながっているのです。

注目すべきは、根株・機縁には八つとも「共」がついていることで、これは縄文人の精神観の最大の特質＝霊性の高さでもあり、それがそのまま日本人の深（霊）層意識に継承されています。

縄文文明の外的・ハード的な解明は最近非常に進んでいますが、内的・ソフト的な精神観の解明についてはほとんど見当たりません。

たびたび述べていますが、日本文明を「和の文明」だけで説得するにはあまりにも抽象的過ぎますし、今の日本人の基底にある精神観を説明することはできないと考えたからです。

また、日本的霊性においても、鈴木大拙氏の禅宗の「無」と浄土宗の「諦《たい》」が根底と考えられる「無常観」よりも、小生は宇宙の普遍性に内包されている多様性を融和《ゆうわ》させる「むすひ」と解釈しています。

ただし、どこまでも小生の推理と仮説と霊智であります。後は読者のご判断に委ねるしかありません。

第五章

日本は世界の縮図

日本文明は東西文明の終着点であり出発点である

日本には、縄文時代から育んだ独自の文明をベースに、西の文明や東の文明と、さまざまな文明が入ってきています。このことから、日本は東西文明の終着点であり、始発点であると言われます。

今世界は空前の日本ブームを巻き起こしています。食文化やマンガ・アニメ・カラオケなどの娯楽、畳などの生活様式や、茶道など道の文化。また、日本人は西洋料理も中華料理も何でもOKという民族です。

宗教も、日本は汎《はん》（多）神教で、世界中の宗教が対立せずに存在しています。

また、アフリカから始まった人類は、遺伝子的に三系統あるそうですが、その三系統すべてが存在しているのは、世界中でも日本だけだということが、最近の研究で明らかにされています。

日本は世界の縮図

日本地図を広げると世界地図になる

日本地図を広げると世界地図になります。例えば、本州を広げるとユーラシア大陸、北海道が

日本は東西文明の終着点であり始発点である

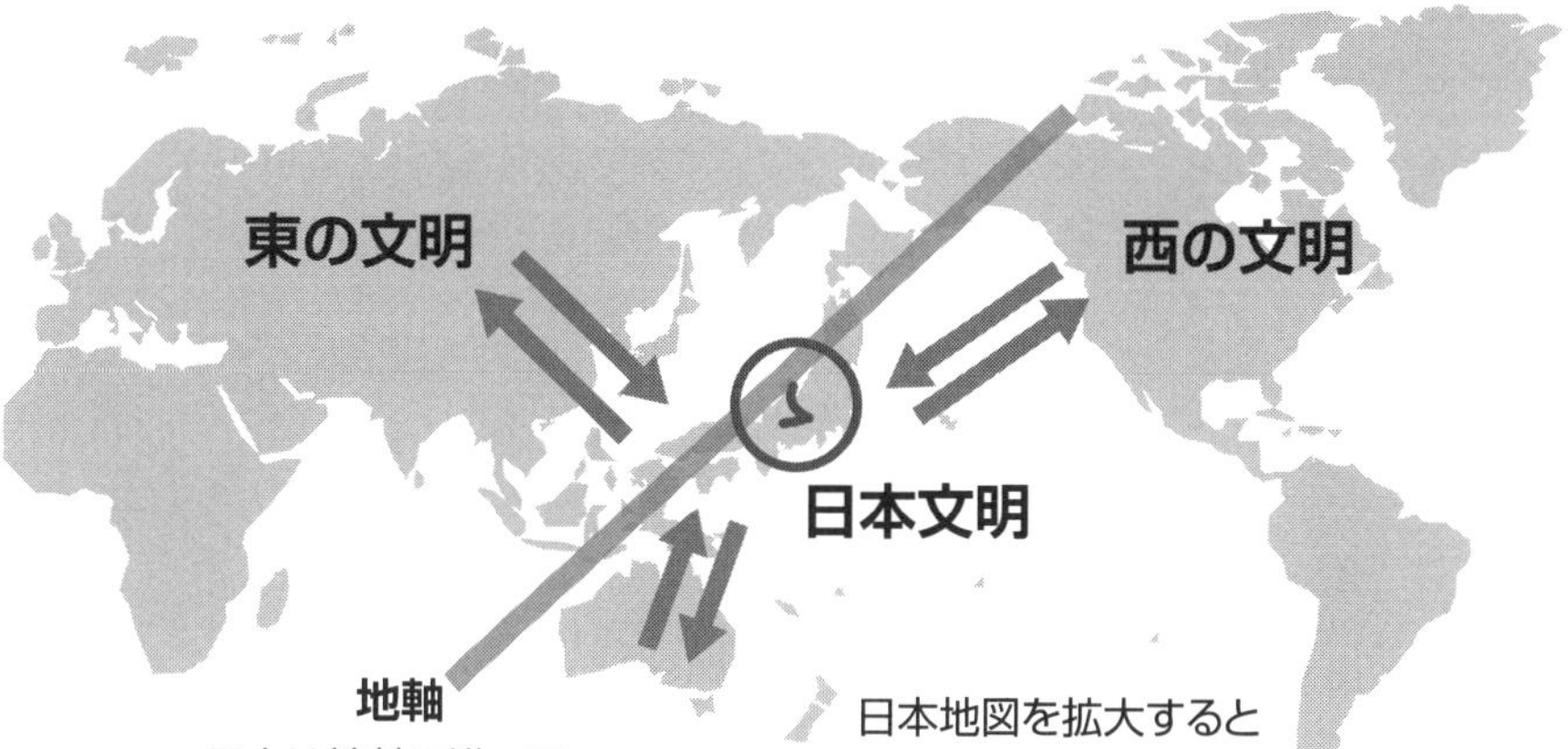

日本は地軸に沿って
南北にある

日本地図を拡大すると
世界地図になる
(日本は地球のへそ)

北アメリカ	=北海道
南アメリカ	=北方四島
ユーラシア	=本　州
オーストラリア	=四　国
アフリカ	=九　州
イギリス	=隠　岐
地　中　海	=瀬戸内海
黒　　　海	=大阪湾
カスピ海	=琵琶湖
バイカル湖	=十和田湖
五　大　湖	=阿寒・屈斜路・摩周湖
スカンジナビア半島	=能登半島
アラビア半島	=紀伊半島
メキシコ湾	=内浦湾
ペルシャ湾	=伊勢湾
ヒマラヤ	=富士山
台湾	=沖縄

世界の末裔がいる

日本にはDNA的にアフリカで人類が生まれた3種類のすべての末裔が存在する

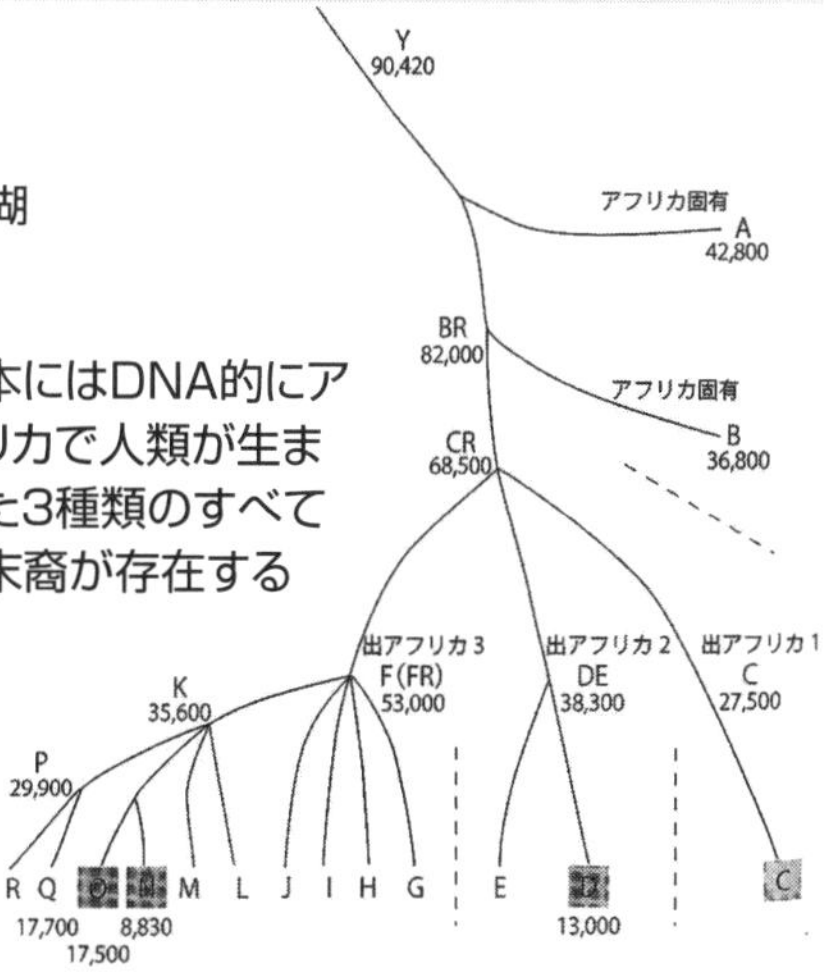

出典：崎谷満著『DNAでたどる日本人10万年の旅』

北アメリカ、四国はオーストラリアというようにです。こじつけと思われるかもしれませんが、これも一つの縮図です。

日本には世界の地形・気候がある

山の国・海の国・湖の国・盆地の国・砂漠の国・湿地の国・火の国などと表現しますが、日本にはさまざまな地形がモザイク的に複合され、集約されています。この地形のバランスから、動植物も生かされて循環する環境があるのです。例えば、山の土の栄養が雨で川に流れ、牡蠣《かき》など海の恵みをもたらします。山の豊かさが海の豊かさにつながっています。

また日本には、春夏秋冬という四季がありますが、地形が南北に延びており、亜寒帯から亜熱帯と世界の気候をカバーしています。また、古代の世界共通文字と言われるペトログラフは、さまざまな形の絵文字が日本はもちろん世界中で見つかっています。最新の研究では、世界の文字文明の発祥は日本であると考えられつつあるそうです。

世界の火山と水

日本列島は地球の地軸に沿って南北にあります。小さな国でありながら、火山が二〇〇（活火山は六〇）あり、海（水）に囲まれた国土の地下に、マグマ（火・熱）という、もの凄いエネルギーを秘めています。さらに、山が高く急斜面の国ですから水が下に流れます。火と水が豊かで

日本は世界の縮図

あるということが、生命の活性化につながります。このようなことからも、日本は世界の雛形・縮図と言えるのです。

人類・万類は破滅か継承（創造）かの分水嶺にある

人類のパラダイム（基本的枠組み）の歴史を簡単に振り返ってみましょう。生命あるものと関わりの深かった太古（縄文も含む）から第一の農業・狩猟社会から、産業革命によって物質的な価値へ大転換した第二の産業（工業）社会。さらに目に見えない情報という価値を中心として第三の情報社会への大転換。人類はこうして現代を迎えています。多くの難問が山積みしている欧米支配型の現代社会はまさに制御不能状態にあり、どのような新しい価値体系の枠組みを創造するかが人類・万類の未来を握っています。

欧米支配文明をベースに発達してきた近現代社会には自然との循環がありませんでした。確かに、人間力で開拓することは凄いことで、技術も素晴らしく発達しました。しかし、人間が自分の心臓さえも自分の意志で止めたり動かしたりすることができないように、宇宙森羅万象を自由に動かせるものではなく、宇宙森羅万象に順応してこそ生かされます。

だからこそ、社会に蔓延《まんえん》している、お金を儲けるためなら生命をも犠牲にし、自然と社会とも調和せず、経済も家庭も精神もボロボロという満身創痍《まんしんそうい》の状態から本来の日本に還らなければならないのです。

現代社会は、宇宙と文明・社会・人類のつながりが断絶しています。それが、地球温暖化や世界金融危機などを始めとする世界的危機状況を生み出し、破滅か継承（創造）かの分水嶺《ぶんすいれい》にあります。これこそが欧米文明で、小生は「着せ替え支配文明」と呼んでいます。

宇宙とつながる日本文明

日本文明は、縄文時代から一万六〇〇〇年以上も続いている世界最古の文明国です。その長い歴史の中で、日本人は宇宙森羅万象の普遍性である「むすひ（多様性の融和《ゆうわ》）」を国家精神（霊性）として共尊・共生・共育の国体を創造してきました。その基底は、人智では計り知れない神秘なる大霊（むすひ＝神）に対する絶対的な畏敬《いけい》であり、万物・

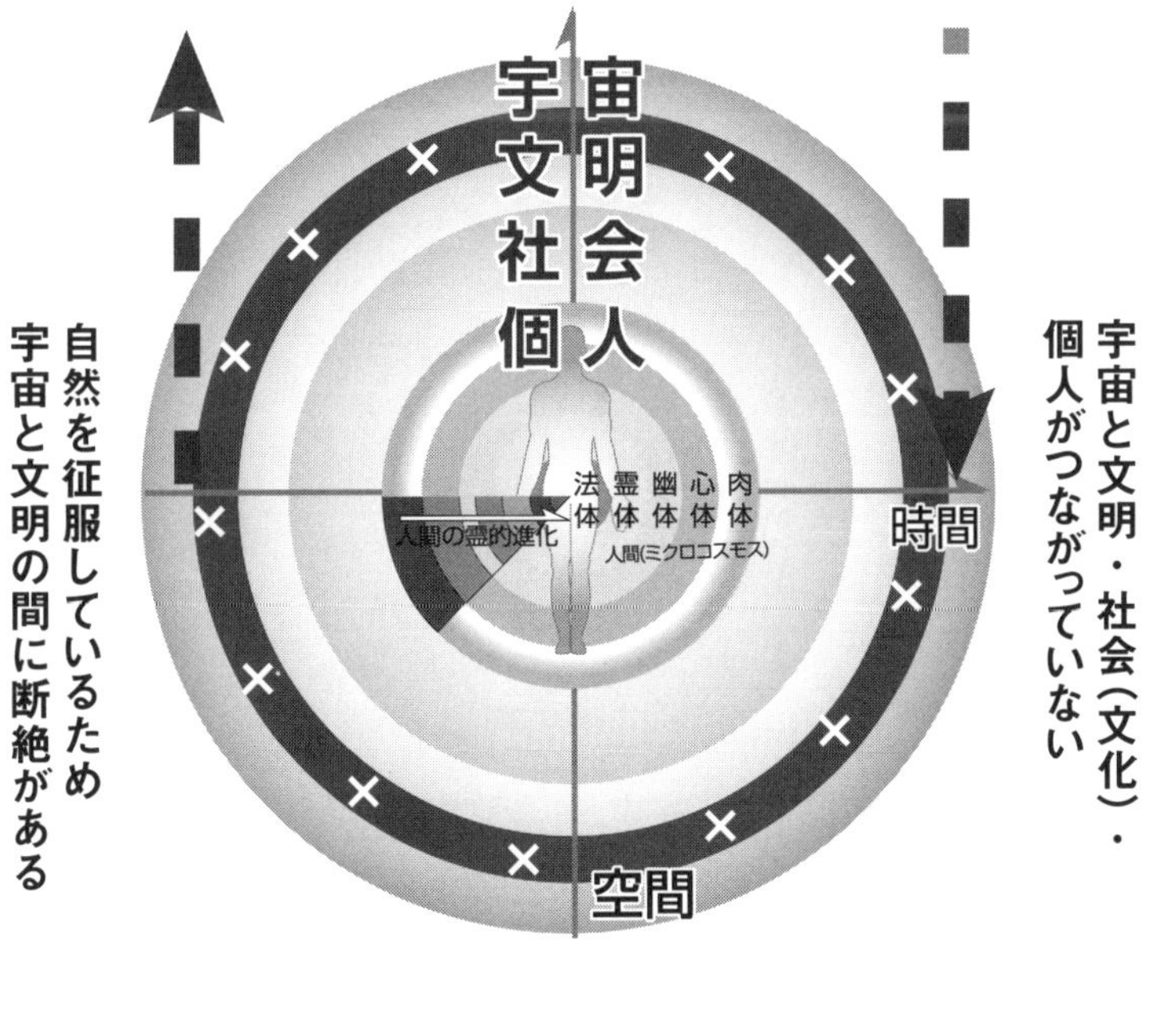

万象はむすひの分霊《わけみたま》であると捉えました。そして、むすひの神格者としての現人神《あらひとがみ》を天皇としたのです。

宇宙を縮めると文明になり、文明を縮めると社会（文化）、そして社会を縮めると人類（個人）になり、逆もしかりで、これが日本文明です。宇宙の根源的なエネルギーが文明に、社会（文化）に、私たち生きる人間や万物・万象にも一貫して息通ししていいます。これは凄いことで、宇宙の普遍性そのものが日本文明となっている素晴らしい国です。

制御不能の現代文明を救えるのは縄文時代から育んできた「和の文明」である日本文明

縄文時代から弥生時代、そして中世・近世・現

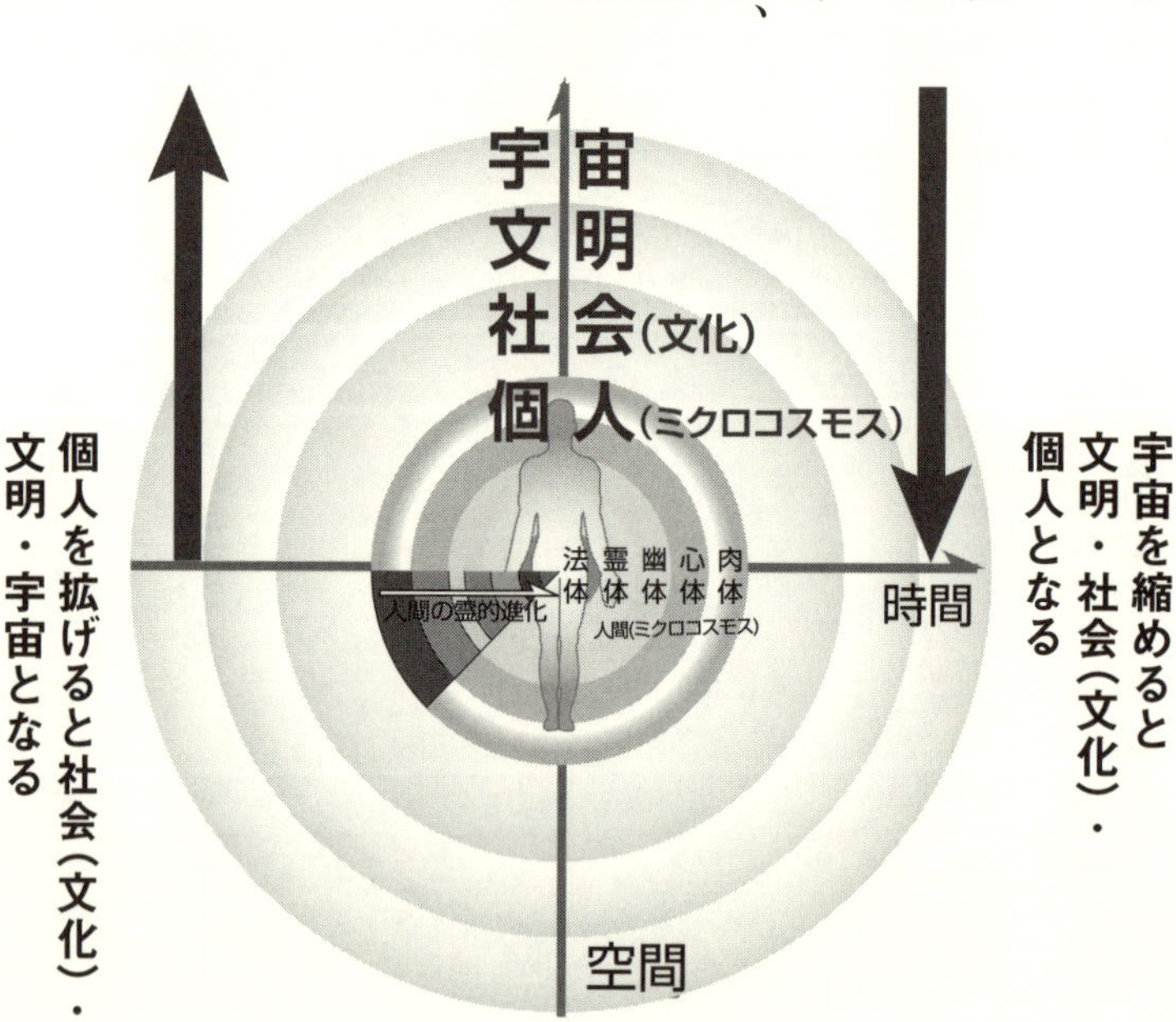

代にいたるまで、日本文明を貫いているものは、宇宙の普遍性である「むすひ（多様性の融和《ゆうわ》＝日本的霊性）」を礎にした間性（＋女性）原理でした。

間性原理とは男性原理でも女性原理でもない三性具有であり、生死再一如の原理を内包する原理で、それこそが縄文文明です。

弥生時代以降になって男性原理中心の文明に入れ替わりましたが、三性具有を内包する間性（＋女性）原理は日本文明及び日本人の基底に元型として継承されてきました。

イザナミ、コノハナサクヤヒメ、アメノウズメノミコト、ヒミコ…連綿と続く間性（＋女性）原理ですが、やがて男性原理の神々の強権的圧迫によって閉じ込められました。以後文明は男性原理へと偏向したのです。

人類文明の偏向は、七〇〇〇年前、メソポタミアで起こった「古代農業革命」から始まり、やがて経済と結びつき人間が人間を支配し、搾取するだけでなく、大地や海までも搾取する奴隷文明を樹立しました。

この古代奴隷制度は、中世・農奴の上に成立した封建制や、近世以降商業（産業）資本主義となり、経済グローバリズムを生み出し、戦争・紛争・貧困の三罪悪を世界中に巻き散らしたのです。これは七〇〇〇年～一万年にわたって、ゆるやかながらも平和に推移した縄文文明とはまさに対極的なものです。

しかし今、縄文の神々を封じ込めた男性原理の文明は黄昏《たそがれ》を迎えつつあり、新たなる「天の岩戸開き」のタイミングが迫っています。そして、長い間封じ込められていた縄文から舞い降りた地霊の神々たちが、弥生以降地政学で世界を牛耳ってきた人間たちへ手厳しいシッペ返しを開始し始めたのです。それこそが、男性原理から間性（＋女性）原理への大転換でもあり、間性（＋女性）原理への回帰と再生でもあるのです。

現代文明は「もう、ほっとけない」「もう、待ったなし」の極限に近づき、出口の見えない袋小路に追い込まれつつあります。加えて世界がますます狭くなり、利害激突がエスカレートする状況にあって、その迷路から救い出せるのは、縄文時代から育んできた宇宙の普遍性である「むすひ」にもとづく「和の文明」である日本文明と確信しています。

それはまた、経済グローバリズムから、生命コスミカリズムへの大転換でもあり、その波動は少しずつではありますが、確実に拡大して広がっていきます。

今こそ、日本文明・文化に回帰し、祀祭政《しさいせい》一致を再生すべき

明治維新以降、新時代を作り上げるためとはいえ、脱亜入欧のもと富国強兵とも相まって、全面的に欧米文明だけでなく文化までも導入し、縄文時代から先人たちが永い時間をかけて育んできた、歴史や伝統をことごとく破壊してきました。

さらに第二次世界大戦後、戦勝国（ＧＨＱ）による戦後政策によって自虐史観を植え付けられ、欧米文明・文化に換骨奪胎《かんこつだったい》されてきました。たしかに欧米型近代化によって今日の虚構の繁栄は築かれましたが、唯物論哲学・科学にもとづく欧米文明は宇宙（自然の摂理・むすひ）とつながっている日本文明・文化とは相容れないものがあります。

いくら科学が進んでも、それを使う人間の霊性が低下していたのでは、素晴らしい技術も両刃《もろは》の剣《つるぎ》です。特に、未来の日本を担う子供たちの霊性の低下は、犯罪の低年齢化と残忍性に現れています。

突きつめると、明治・大正・昭和・平成という時代の連続性において欧米文明・文化にほぼ完全に近いところまで解体されてしまったところに、今日の日本人の霊性の低下と社会の荒廃の根源があります。

だからこそ、第一の蒙古襲来、第二の明治維新、第三の第二次世界大戦、そして第四の日本国解体の危機にある今こそ、欧米着せ替え支配文明・文化から脱却し、次に備えるために日本十二単衣共生文明に回帰し「祀祭政一致」を再生すべきです。

その究極の鍵を握っているのが、和の文明である日本文明の基底にある縄文文明であり、それはまた、日本が日本らしく甦る天の岩戸開きの始まりでもあるのです。

近現代社会が自然科学偏向で、宇宙の普遍性・摂理を無視したことによって、地球も日本も破滅か継承（創造）への危機を招いていることへのアンチテーゼ（反論）でもあります。

その意味において日本文明の基底にある縄文文明の価値と意義を再確認することは時宜を得ていると思います。

第六章

現代版縄文ふるさと村おこし

次に備えるために！

〝村の心〟あってこそ共尊・共生・共育の共同体が育まれるのです。
村なくして町も市も県も国も成り立たない
今こそ〝村の心〟を取り戻すとき…。

現代版縄文ふるさと村おこしは始まっています。

縄文時代から育んできた宇宙の普遍性
「むすひ＝多様性の融和《ゆうわ》＝日本的霊性」を礎に
「生命」を共尊し、「自然」と共生し、「社会」を共育する
祀祭政一致の国づくり人づくりへの回帰と再生

国づくり人づくり財団が推進している現代版縄文ふるさと村おこし

人類だけが我が物顔で地球を支配している経済グローバリズムの時代は終焉《しゅうえん》を迎えつつあり、生命コスミカリズムにもとづく宇宙的地球時代への大転換が始まっています。

地球上に存在する万類（人類）は、宇宙の大いなる霊的なエネルギーを内包し、あらゆるものとの相補《そうほ》の関係で融和し循環しながら生滅流転しています。

宇宙の長い歴史の中で、人類の先祖をたどると、最初の生命であるバクテリアが地球上で生み出され、植物から動物に進化し、やがて人類が誕生しました。

つまり、地球上のあらゆる生命は、すべて親子・兄弟姉妹の関係にあるということ、また人間だけでなく、動物も植物も、生命を次の世代に引き継ぎながら、あらゆる動植物と共生しています。

これこそが、宇宙の普遍性・摂理を内包し、精霊崇拝《しょうりょう》（祀）・自然崇拝（祭）・祖先崇拝（政）を育んできた日本文明・文化であり、その基底にあるのが縄文文明なのです。これからの国づくり人づくりは、宇宙が本来あるべき姿に戻るということで、これこそが九つの立国構想にもとづく現代版縄文ふるさと村おこしなのです。

それを実現するためには「意識変革」「経済変革」「社会変革」の三つの変革が必要です。その概要を述べてみます。

意識変革

現代文明は、経済的・物質的・科学的には進化したかもしれませんが、生物的・精神的・宗教的には退化しています。もう一度日本文明・文化の基底に帰らなければなりません。

今、世界を席巻している欧米文明は、人間が自然を支配してもよい、つまり自然よりも人間が上だという思想で、すべての面において支配型です。

小生は、欧米着せ替え支配文明に対比して、日本文明は十二単衣《じゅうにひとえ》共生型（※）と言っていますが、欧米文明とは逆で、縄文時代から自然を人間の上に位置づけ畏敬し、また、古いものに新しいものを重ね、すべての面において共生型です。

明治維新以降、欧米文明を全面的に取り入れ、日本文明・文化の良さまで捨ててしまい、国民の大多数の意識は、商業主義に乗せられて「今さえ良ければ」の刹那《せつな》的な快楽を追いかけています。

しかし、二〇一一年三月一一日に起こった東日本大震災では略奪もなく、世界から称賛され、復旧復興においても「強い絆」とマスコミでも取り上げられました。

「絆」と言いますが、基底にあるのは「むすひ」で、日本文明・文化の礎です。むすひとは「多様性の融和《ゆうわ》」であり、今、多様性なるものが話題になりつつありますが、多様性文化の本家は日本です。今、世界を動かしているキリスト教・ユダヤ教・イスラム教・儒教（もともとは汎《はん》神教）は、自分だけが正しく一番だという一神教です。これでは世界はまとまりません。ところが、日本は汎（多）神教で、いろいろなものがつながり（むすひ）お互いが相補し、矛盾するものを融和させてきました。

例えば昔は、どの家庭にも仏壇や神棚や床の間があり、朝起きたら仏壇に手を合わせ、神棚に初水をお供えすることが日常の生活文化でした。今こそ縄文時代の共尊意識への回帰と再生を目指すべきです。

※日本十二単衣共生文明と呼称しているのは、欧米着せ替え支配文明との対比で述べているのであって、平安時代の五衣唐衣裳《いつぎぬからぎぬも》とは違います。日本文明は、古い伝統に新しい価値を重ね、組み直して、新たなる伝統を積み重ねるということです。日本文明の本質は〝むすひ文明〟です。

経済変革

経済変革のキーワードは「成長」から「活性」です。

日本経済を振り返ってみますと、一九五八年から一九七三年までの高度経済成長期は九％くらいの経済成長でした。一九七四年から一九九一年までは四・二％に落ちています。その後の二〇〇〇年までは〇・九％で現時点でもマイナス成長です。今、先進国は同時経済破綻の危機にあります。

ですから、経済成長という視点ではなく、経済活性という視点、つまり「無いもの探し」ではなく「有るもの生かし」が必要です。

今、地球レベルで、生命環境・自然環境・社会環境は崩壊しつつあり、よほどの画期的な発明がない限り成長は限界にきつつあります。つまり、開発主義にもとづく経済成長は終焉《しゅうえん》に近づいているということです。

国境を越えて貿易が自由にできれば、ほんの一部の大企業が独占的に利益を得、経済格差はますます拡がります。今のような経済グローバリズムが続けば、ほとんどの中小零細企業は廃業・倒産を招き、地方もますます疲弊し、伝統や文化はなくなり、日本全国どこも同じ風景になりかねません。

大企業中心の勝者は正義、弱者切り捨てのような経済ではなく、今こそ縄文時代の共生経済への回帰と再生を目指すべきです。

社会変革

今の日本人は戦後七〇年の平和でボケてしまい、国家意識や祖国愛、愛社精神を持つ人が少なくなっており、あってはならないのですが、もし戦争が起こったら国のために戦える日本人がダントツに少ないというデータもあります。

また、近所づきあいも減り、町内会などの共同体が崩壊していきます。鍵をかけなくても泥棒の被害にあうこともなく、隣近所で助け合った環境や、世界一治安の良い国はどこにいったのでしょうか。

ご先祖を大切にする心、恩や感謝や奉仕の心はどこにいったのでしょうか。人間は社会に育てられる存在であると共に、社会を育てる存在でもあります。今の社会は「自分さえ良ければ」です。これでは社会の秩序は正しく育ちませんし、犯罪や事件が多発し、ますます息苦しい世の中になりかねません。

環境問題、地球温暖化、治安の悪化、精神病の増加、自殺の問題など、社会の在り方を真剣に考えなければなりません。今こそ縄文時代の共育社会への回帰と再生を目指すべきです。

以上のことを踏まえて、三つの変革の主軸を述べてみます。

意識変革の主軸…共尊

日本文明は、縄文時代の太古より、宇宙観・文明観・社会観・宗教観・生命観を育んできました。

一、新しい霊的文明への変革

現代人は人類の霊的進化の大きな転換点にあり、一神教に代表される超越者依存型の宗教文明や、近代科学が主導してきた合理主義的物質文明を超える、新しい霊的文明への移行中である。

二、科学と宗教の融和《ゆうわ》変革

科学と宗教は対立するものではなく、むしろ融和すべきものである。現代の科学は近代の二元論的科学を超えつつある。最近の科学が提示する新しい宇宙観や生命観は、むしろ新しい霊性の探究と合致する見方を認めつつある。

三、霊的存在の畏敬《いけい》への変革

自然や人間を超越した神（仏）ではなく、自然や人間の中に内在する神（仏）的なものや霊的なものを尊ぶ。

四、霊性の開発のための変革

外部の超自然的なカリスマ的存在に依存する「宗教」に代わって、自立的な個人の覚醒による

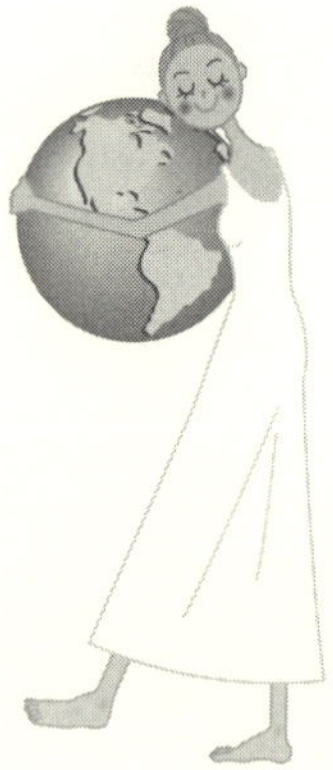

「霊性（Spilituality）」の開発こそ必要とされている。

五、人間完成のための変革

宇宙全体に霊的なものが存在しており、人間は身近な存在を通じて霊的なものに触れることができる。そのような霊的な存在との関わりを深め、すべての生命と共尊することが人間完成の道標である。

経済変革の主軸…共生

一、共生経済への変革

社会主義はすでに崩壊し、資本主義も難問が山積している。来るべき社会は、この両者を融和させた共生主義経済へ変革をすべきである。

次頁の図を見ていただきたい。経済活動を統制するAの社会主義的大企業、経済活動が自由にできるBの統制と自由のバランスの中にいる一般勤労大衆層、Cの資本主義的中小零細企業が共生でき、このABCを融和させる、新しい経済変革を起こさなければならない。

持続可能経済構造の仕組み（例）

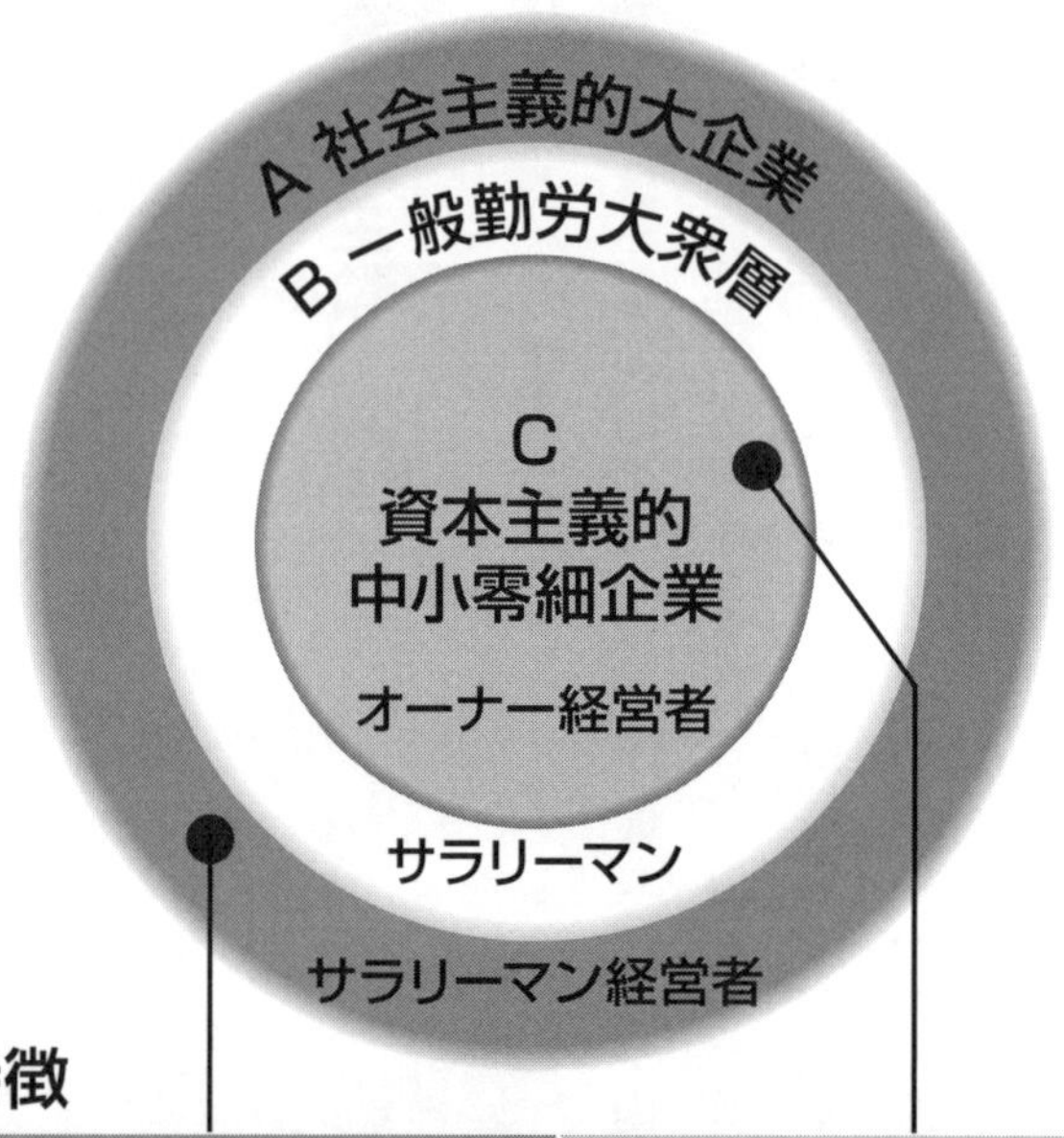

企業文化の特徴

項　目	社会主義	資本主義
基本原則	平　等 （機会不平等/結果平等）	競　争 （機会平等/結果不平等）
性　格	運命共同体	優勝劣敗
リーダーシップ	調整型	率先型
利　益	公　益	私　益
職　務	年功序列	実力優先
雇　用	終　身	流　動
姿　勢	協調性	独創性
組　織	生活集団的	機能集団的
価　値	経　験	成　果
優　先	精神性	物質性
帰　属	集　団	個　人
意　欲	安　定	挑　戦

二、競合的共生への変革

競争による弊害は、もう限界に来ている。資本主義（競争）と社会主義（平等）のバランスをとる競合的共生主義になれば「本当に必要な高品質の物を作る」ことができる。

むすひ（霊性）の精神を内包している、祀祭政《しさいせい》の国日本だからこそ実現可能である。

三、第24次産業経済への変革

これまでの生産者・製造者が中心の産業から、「生産者＝製造者＝販売者＝生活者」が一体となって、１次産業×２次産業×３次産業×４次産業を融合した第24次産業で、経済構造の変革を図り産業を活性化する。

四、所有から使用への変革

これまでの「所有の経済観」は貧富の二極化という悪貨《あっか》を生み出した。地球のすべての物は、未来からの預かりものであって、借りものなのである。だからこそ、これからは「使用の経

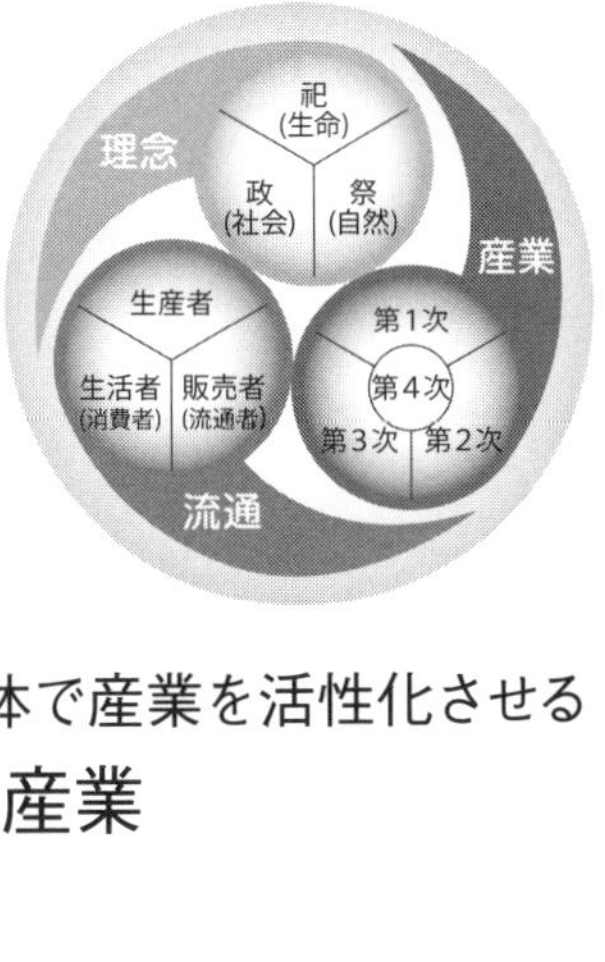

生活者の視点に立ち三位一体で産業を活性化させる
第24次産業

済観」に変革させなければならない。

五、土地は土地のものへの変革

経済活動のほとんどは、土地の上（空間も含む）でなされている。「土地」は「経済」とも言える。この土地を経済の手段に使うのではなく、土地は土地のものに返すということだ。

土地の所有権は地球であるのに、経済が所有権を奪った。国づくり人づくり志民運動では、土地を財団名義で購入し、所有権を地球に返す。経済手段に使われないような施策を遂行する。カエザルのものはカエザルへ。

六、量の豊かさから質の豊かさへの変革

エコロジー対策も相まって消費は、美徳から不徳の時代。もったいない、粗末にしない。こういった量から質へ再生（リサイクル）して物を大切にする経済環境を創造する。

七、中小零細企業の自立と活性化への変革

中小零細企業の経営者はオーナーである。お金がすべてではないが、努

力次第では億万長者も夢ではない。二〇一五年版中小企業白書によれば日本の企業数は約三八六万社。

そのうち小規模事業者が八六・五％。中規模企業が一三・二％で、併せれば九九・七％だ。

日本経済は、中小零細企業で成り立っている。資本主義共生経済を導入し中小零細企業を元気にさせ、経済の活性化を図る。

八、一億総中流社会への変革

社会主義的大企業と資本主義的中小零細企業が全体として成り立ち、中間層にいる一般勤労大衆層の一億総中流社会を復活させる。

社会変革の主軸…共育

この内容は国連憲章そのものですが、これこそが社会変革の理想です。

一、生命共同体への尊敬と配慮への変革

①地球と多様性に富んだすべての生命を尊重する。

②理解と思いやり、愛情の念をもって、生命共同体を大切にする。
③公正で、直接参加ができ、かつ持続可能で平和な民主社会を築く。
④地球の豊かさと美しさを、現在と未来の世代のために確保する。

二、生態系の保全への変革

⑤生物の多様性と、生命を持続させる自然のプロセスに対して、特別な配慮を払いつつ、地球生態系全体を保護し回復させる。
⑥生態系保護の最善策として環境への害を未然に防ぎ、充分な知識がない場合には慎重な方法をとる。
⑦生産、消費、再生産については、地球の再生能力を傷つけず、人権や公共の福祉を保護するような方法を採用する。
⑧生態系の持続可能性に関する研究を進め、既存の知識を自由に交換し、幅広く応用する。

三、社会と経済の公正への変革

⑨倫理的、社会的、環境的要請として、貧困の根絶に取り組む。
⑩あらゆるレベルでの経済活動やその制度は、公平かつ持続可能な形で

人類の発展を促進するものとする。

⑪男女間の平等と公平は、持続可能な開発にとって必須なものであることを確認し、教育、健康管理、経済的機会を誰もが享受できるようにする。

⑫すべての人が自らの尊厳、健康、幸福を支えてくれる自然環境や社会環境をもつ権利を差別無く認め、特に先住民や少数民族の権利に配慮する。

四、民主主義、非暴力と平和への変革

⑬民主的な制度と手続きをあらゆるレベルにおいて強化し、統治における透明性と説明責任、意思決定へのすべての人の参加を確保し、裁判を利用できるようにする。

⑭すべての人が享受できる公教育や生涯学習の中に、持続可能な開発に必要な知識、価値観、技術を取り入れる。

⑮すべての生き物を大切にし、思いやりを持って接する。

⑯寛容、非暴力、平和の文化を促進する方法を採用する。

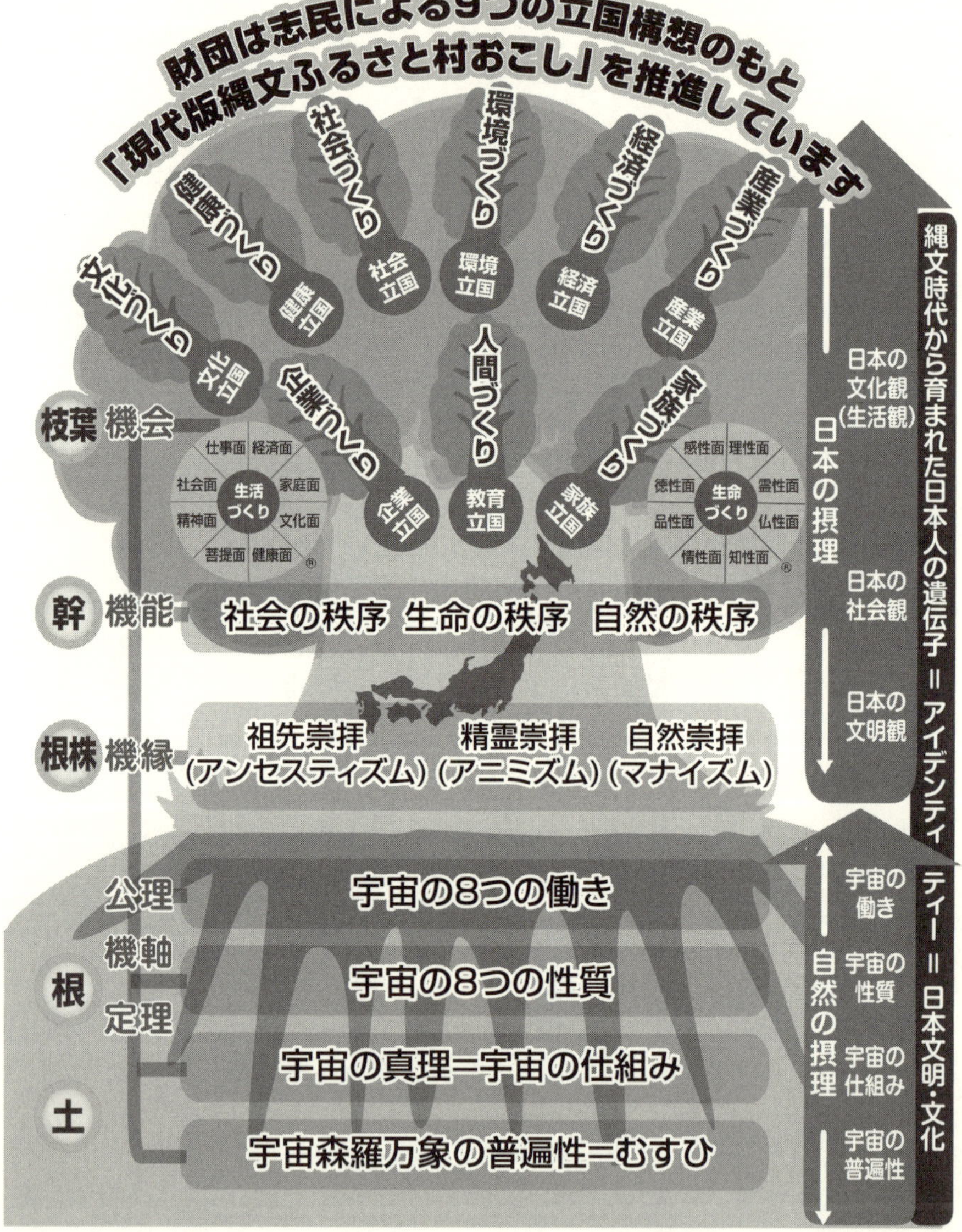
財団は志民による9つの立国構想のもと
「現代版縄文ふるさと村おこし」を推進しています
健康づくり
社会づくり
環境づくり
経済づくり
産業づくり
文化づくり
健康立国
社会立国
環境立国
経済立国
産業立国
文化立国
企業づくり
人間づくり
家族づくり
企業立国
教育立国
家族立国
枝葉 機会
仕事面 経済面 社会面 家庭面 精神面 文化面 菩提面 健康面
生活づくり
感性面 理性面 徳性面 霊性面 品性面 仏性面 情性面 知性面
生命づくり
幹 機能
社会の秩序 生命の秩序 自然の秩序
根株 機縁
祖先崇拝（アンセスティズム） 精霊崇拝（アニミズム） 自然崇拝（マナイズム）
公理
宇宙の8つの働き
根 機軸
宇宙の8つの性質
定理
宇宙の真理＝宇宙の仕組み
土
宇宙森羅万象の普遍性＝むすひ
日本の文化観（生活観）
日本の社会観
日本の文明観
日本の摂理
宇宙の働き
宇宙の性質
宇宙の仕組み
宇宙の普遍性
自然の摂理
縄文時代から育まれた日本人の遺伝子＝アイデンティティー＝日本文明・文化

①未来創造産業 産業づくり

地球未来学からデザインした
生命・自然・社会が共生できる産業を育成

産業が栄えれば人は豊かになると確信していました。

しかし、産業の発達に伴い経済中心のものの考え方も当たり前になり、その結果、自然は破壊され、地球温暖化の影響は世界各地で、天候不順という現象に現れています。

物質的豊かさと比例して、ストレス社会の度合いは増していくばかりで、それが前代未聞の犯罪を誘発しているとも言えます。

これからは、経済富に偏重した産業から、地球未来学よりデザインした生命・自然・社会富を生み出すエコロジー産業を育成していかねばなりません。

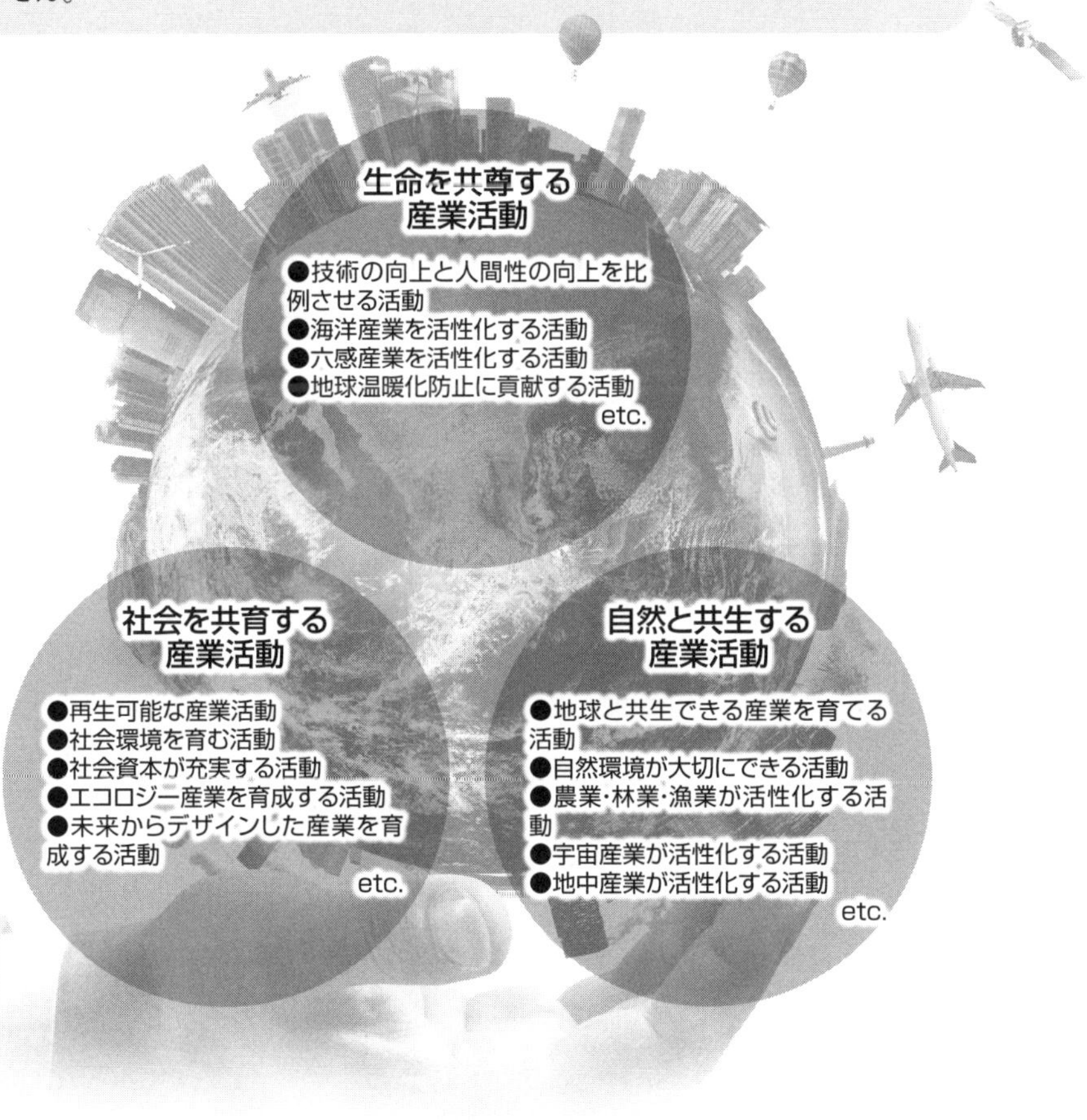
生命を共尊する
産業活動
●技術の向上と人間性の向上を比例させる活動
●海洋産業を活性化する活動
●六感産業を活性化する活動
●地球温暖化防止に貢献する活動
etc.
社会を共育する
産業活動
●再生可能な産業活動
●社会環境を育む活動
●社会資本が充実する活動
●エコロジー産業を育成する活動
●未来からデザインした産業を育成する活動
etc.
自然と共生する
産業活動
●地球と共生できる産業を育てる活動
●自然環境が大切にできる活動
●農業・林業・漁業が活性化する活動
●宇宙産業が活性化する活動
●地中産業が活性化する活動
etc.

②持続可能経済事業　経済づくり

中小零細企業が持続可能な循環型社会を創ろう!

人が幸せになる場であった企業は、いつしか企業を生かすために人が犠牲になり、特に中小零細企業のほとんどが倒産の危険性をはらんでいます。

世界的な規模でのグローバルスタンダードは、極端に言えば、手段を選ばず沢山もうけた人が偉いのです。その影響によって、地球は破滅か継承（創造）かの危機にあります。

その根源的な原因は、欧米型経済学を源流とする、弱肉強食の市場経済主義を中心とした欧米型経営法です。その最大の欠点は「循環」しないことにあります。

生命を共尊する
経済活動
●人を幸せにする企業を作る活動
●生きがいと働きがいを創る活動
●勤勉な日本人を取り戻す活動
●働く場を大切に思える人の輪を創る活動
etc.
社会を共育する
経済活動
●安心して働ける職場を創る活動
●人が人として働ける場を作る活動
●人と人、企業と企業が生かし合いのできる環境を創る活動
●安心・安全・安定な社会の創造に貢献できる企業を作る活動
etc.
自然と共生する
経済活動
●万類の幸せに貢献する活動
●企業文化を向上させる活動
●日本本来の技術が活かせる場を創造する活動
etc.

③地球環境事業　環境づくり

45億年の地球を守る安全と安心の環境にしよう

生命の起源から35億年ともいわれる地球は、循環しながら奇蹟的なバランスのなかでいのちを育んでいるのです。

その地球の環境を人間が壊し、水や空気を汚染し、自らの生命すら危険にしているという矛盾した事態の解決策を、未だ明確に出すことができていません。

今世紀においては、自然環境との共生は避けて通れない課題であり、ただ一つの国の問題として片付けられるものではないところに最大の難問があります。

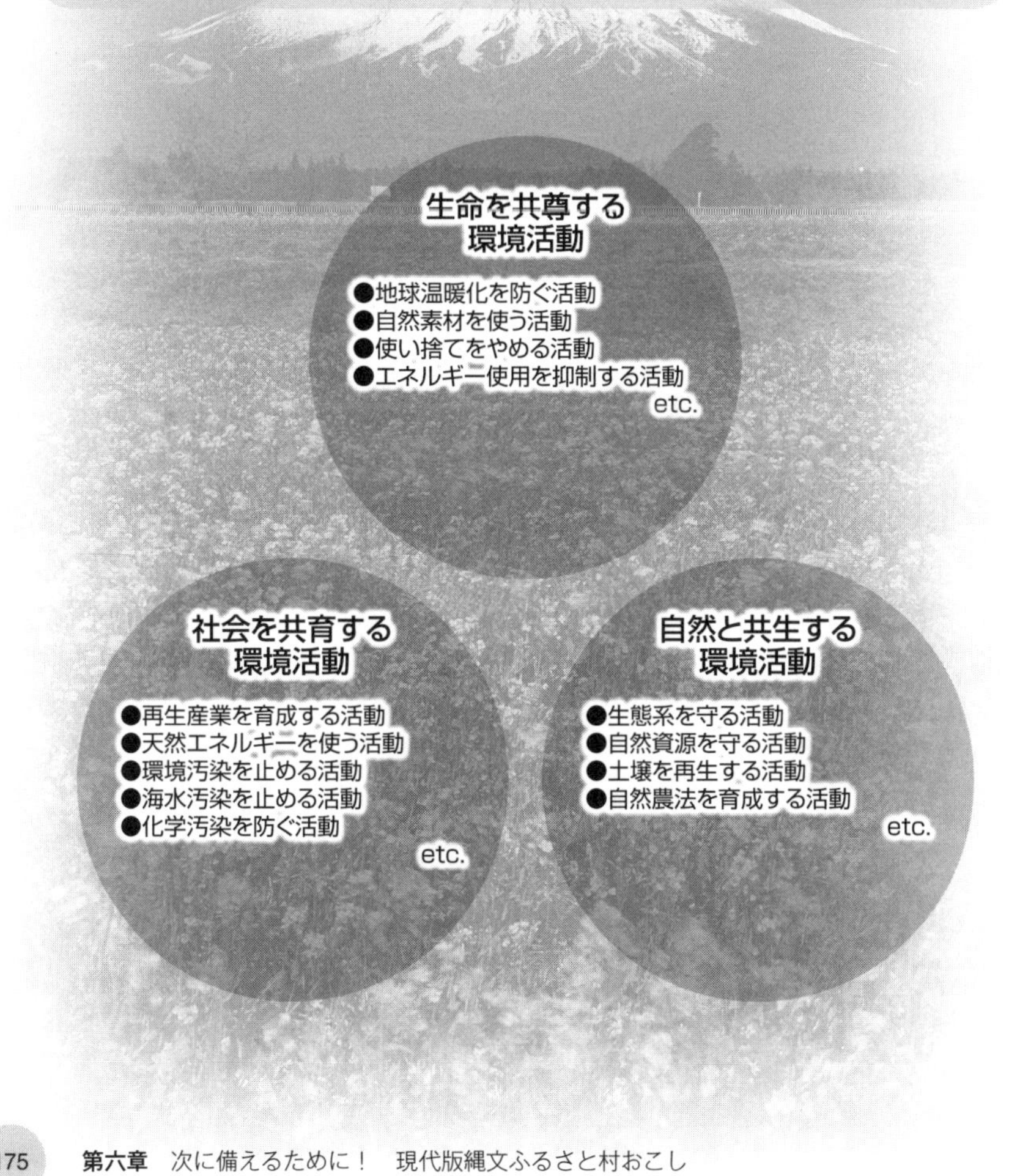
生命を共尊する
環境活動
●地球温暖化を防ぐ活動
●自然素材を使う活動
●使い捨てをやめる活動
●エネルギー使用を抑制する活動
etc.
社会を共育する
環境活動
●再生産業を育成する活動
●天然エネルギーを使う活動
●環境汚染を止める活動
●海水汚染を止める活動
●化学汚染を防ぐ活動
etc.
自然と共生する
環境活動
●生態系を守る活動
●自然資源を守る活動
●土壌を再生する活動
●自然農法を育成する活動
etc.

④人間環境事業　社会づくり

人間回復・生命の尊厳いのちが喜ぶ社会にしよう!

日本の国だけみても、かつては老人が一人寂しく誰にも看取られずに死を迎えるということは考えられませんでした。また、最近の事件をみても、人をとりまく環境そのものに事件や事故を誘発している材料が多々見受けられます。

子どもの環境・大人の環境・老人の環境・家族の環境・職場の環境・地域社会の環境、そして人を取り巻く情報･･･私たちの生活している空間にある環境問題への取り組みです。

また、2006年に施行され、2007年5月解禁になった「三角合併」は、マクロとして日本企業の恐怖になりかねません。

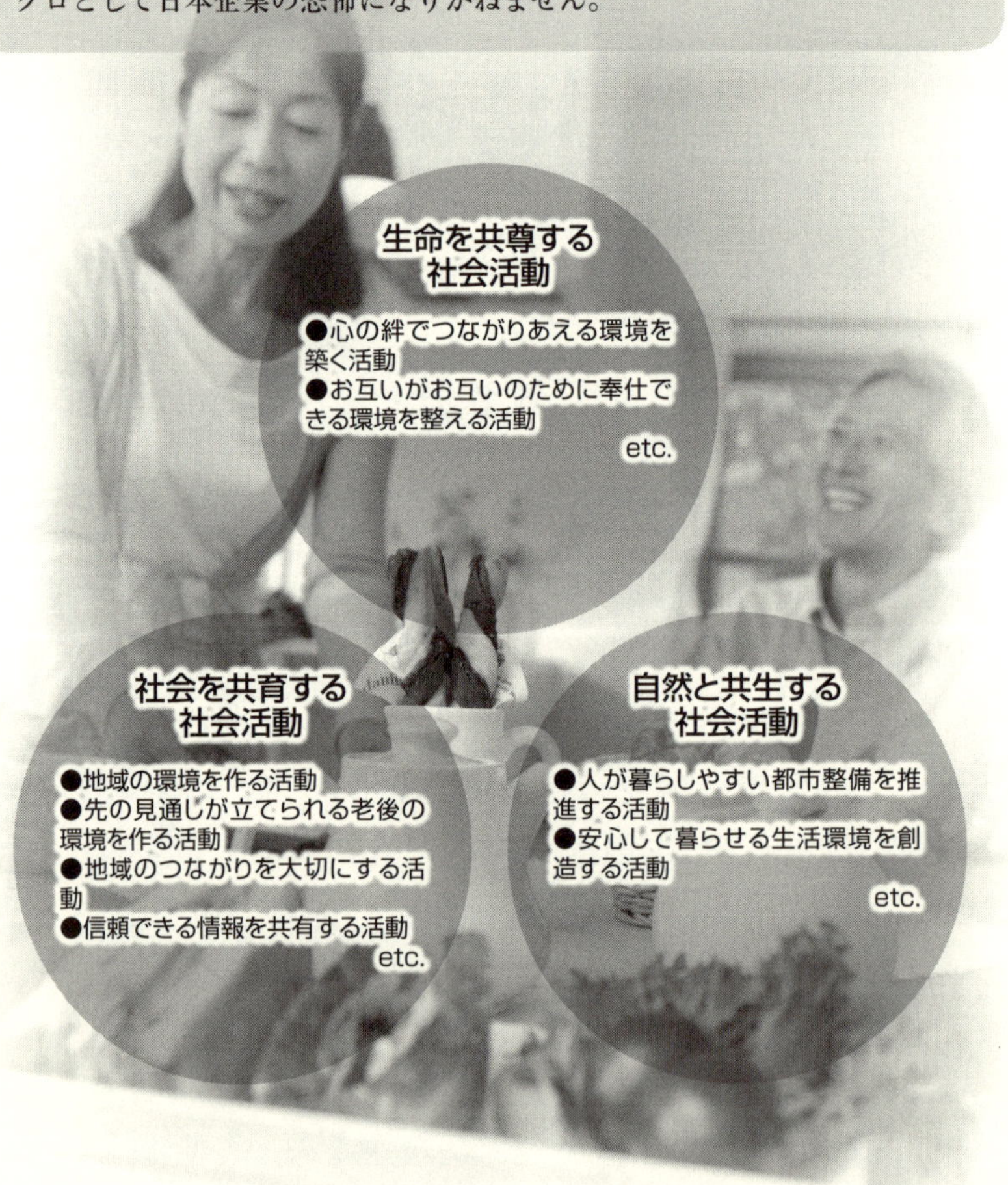

生命を共尊する
社会活動
●心の絆でつながりあえる環境を築く活動
●お互いがお互いのために奉仕できる環境を整える活動
etc.
社会を共育する
社会活動
●地域の環境を作る活動
●先の見通しが立てられる老後の環境を作る活動
●地域のつながりを大切にする活動
●信頼できる情報を共有する活動
etc.
自然と共生する
社会活動
●人が暮らしやすい都市整備を推進する活動
●安心して暮らせる生活環境を創造する活動
etc.

⑤総合健康事業　健康づくり

健康は幸福の始めで終わり!

現代人は、肉体的にも精神的にも「病気ではないが健康でもない」という状態にあると言われています。

また、治療においても、「患者を治す」のではなく「患部だけ治す」傾向が強くなってきています。高齢化社会を迎え、働き手が減っている中、老後を支える生活保障も先行き不透明です。

何をするにも「健康第一」。真の意味での健康であるためには、現代の健康観から変えていかなければなりません。

生命を共尊する
健康活動
●生涯現役の健康を作る活動
●5つの生命体からの健康推進活動
●食養の大切さを見直す活動
●笑い健康法の実践活動
●精神健康法を学ぶ活動
●楽観性を養う活動
etc.
社会を共育する
健康活動
●心のケア施設の設立
●絆を大切にする活動
●コミュニケーションを作る活動
●予防健康法の推進活動
●家族を養う活動
etc.
自然と共生する
健康活動
●自然とふれ合う活動
●伝承療法を見直す活動
●できるだけ自然食材を食べる活動
●早寝早起きを推進する活動
etc.

⑥国際文化交流　文化づくり

世界に誇れる日本文化を活性化しよう!

日本は縄文時代から、世界でも独自の精神性の高い文明・文化を築いてきました。

今、外国が日本の心を求めており、日本人が日本の心を忘れていることにあなたは気づいていますか？

そして、最も重大な文化の喪失は、日本が誇る技術力に大きく関わっているのです。

日本の文化が崩壊していくということは、私たちの生活の基盤を失うことにつながっているのです。

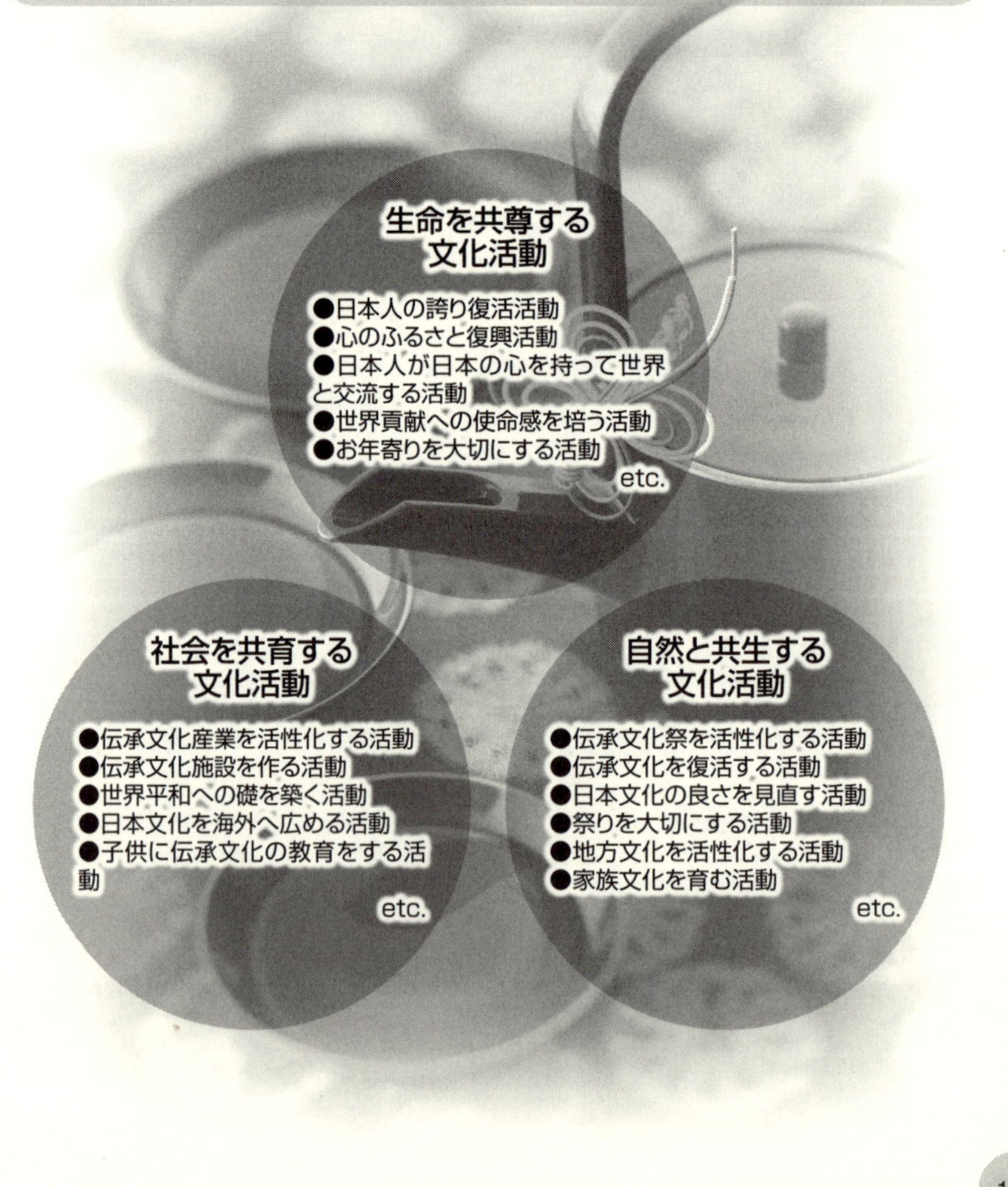
生命を共尊する文化活動
●日本人の誇り復活活動
●心のふるさと復興活動
●日本人が日本の心を持って世界と交流する活動
●世界貢献への使命感を培う活動
●お年寄りを大切にする活動
etc.
社会を共育する文化活動
●伝承文化産業を活性化する活動
●伝承文化施設を作る活動
●世界平和への礎を築く活動
●日本文化を海外へ広める活動
●子供に伝承文化の教育をする活動
etc.
自然と共生する文化活動
●伝承文化祭を活性化する活動
●伝承文化を復活する活動
●日本文化の良さを見直す活動
●祭りを大切にする活動
●地方文化を活性化する活動
●家族文化を育む活動
etc.

⑦総合人間教育学　人間づくり

宇宙本位成功・幸福理論にもとづく人づくり

欧米的考え方の、お金がすべての価値基準といってもおかしくない社会が横行し、人が人として扱われなくなり、いつしか自分の周りに信じられる人が少なくなっています。

自分さえよければということが、かえって自分を見失うことになり、その結果大切なわが子、わが孫を守ることができない社会になっています。

生命を共尊する
人間活動
●人間らしさを取り戻す活動
●無限の可能性を開花させる活動
●自分の命に誇りを持つ活動
●胎教を大切にする活動
●生命の本質に目覚める活動
●霊性を向上させる活動
etc.
社会を共育する
人間活動
●社会性を育てる活動
●安心と安全の環境を創る活動
●子供を子供らしく育てる活動
●IQ・EQ・SQの調和を大切にする活動
etc.
自然と共生する
人間活動
●自然とのふれあいをする活動
●食養を大切にする活動
●生命づくり・生活づくりを大切にする活動
etc.

⑧女性＆家族学　家族づくり

家族崩壊を止め、家族価値を高めよう!

今、家族がバラバラになっています。物の豊かさを追い求めた結果、私たちが置き去りにしてしまったのは、安心できる温かい家族ではないでしょうか。

家族のふれあいは、コミュニケーションの基本であり、人と人、人と社会のコミュニケーションがあってこそ私たちは安心して暮らせるのです。

すべての基本は家族にあるのです。

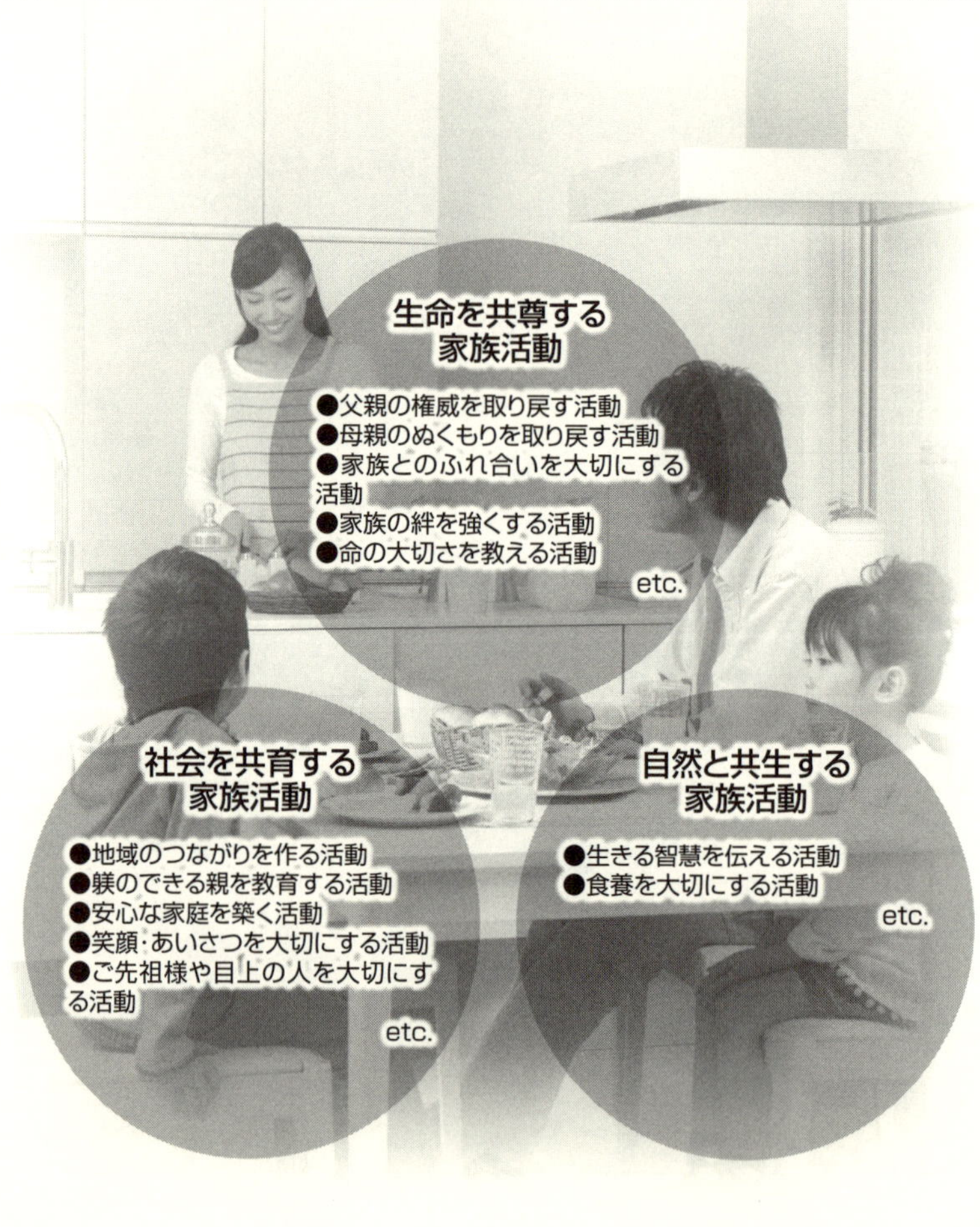

生命を共尊する家族活動
●父親の権威を取り戻す活動
●母親のぬくもりを取り戻す活動
●家族とのふれ合いを大切にする活動
●家族の絆を強くする活動
●命の大切さを教える活動
etc.
社会を共育する家族活動
●地域のつながりを作る活動
●躾のできる親を教育する活動
●安心な家庭を築く活動
●笑顔・あいさつを大切にする活動
●ご先祖様や目上の人を大切にする活動
etc.
自然と共生する家族活動
●生きる智慧を伝える活動
●食養を大切にする活動
etc.

⑨宇宙本位経営学　企業づくり

日本発　地球を救う宇宙本位経営学を確立しよう！

富の循環あってこそ、持続可能な地球社会となります。

しかし、現実はまったく逆流しており、大企業にしか富が循環しない偏った今の経済システムは、中小零細企業を弱体化せしめ産業力が活力を失い、ひいては国民の生活力や労働意識が低下し、究極は日本国の滅亡につながりかねません。

今こそ富が循環し、持続可能な経済学・経営学の確立を目指さなければなりません。

生命を共尊する
企業活動
●生きがいと働きがいのある経営システムを創る活動
●所有欲を抑制する活動
etc.
社会を共育する
企業活動
●中小零細企業の活性化
●金融経済力を高める活動
●自立自助経営システムをめざす活動
●再生可能な経営システムを作る活動
●物々交換経済システムを研究する活動
●市民銀行を作る活動
etc.
自然と共生する
企業活動
●家庭内リサイクルの推進活動
●不平等経済格差をなくす活動
●中流でなく中産を目指す活動
●富を循環させる活動
etc.

付章

縄文にタイムスリップしたような思いを抱いたサンマリノ共和国への旅

縄文にタイムスリップしたような思いを抱いたサンマリノ共和国への旅

二〇一五年六月のサンマリノ共和国訪問は、非常に意味深いものとなりました。戦後から今日まで、日本は経済大国としての発展を遂げてきました。確かにそのことによって多くの恩恵を受けているといえます。

しかしながら、サンマリノやイタリアの各地を巡って感じた自然の美しさや空気のおいしさを思うと、豊かさとはいったい何であろうかと考えさせられ、縄文にタイムスリップしたような思いを抱いた旅でした。

特別大きな国ではなく、中くらいの国。生命と自然と社会が循環し、持続していく国。これからは、本気でそのような日本を創っていくべきではないでしょうか。

人々の日々の生活の安寧があってこその外交や経済。贅沢ではないが心満ち足りた生活を基準とした国づくりのために、魅力ある人財を育てる人づくりが、一層急がれると、志を新たにした旅でありました。

2014年6月にサンマリノ共和国に
建立されたヨーロッパ初の神社。
駐日特命全権大使のマンリオ・カデロ閣下にお招きいただき、
その1周年記念式典に参列させていただきました。
世界最古の共和国であるサンマリノと、
世界最古の君主国日本は時空を超えて遠く縄文の地でつながっている……
そんな思いを抱いた旅でした。

だから日本は世界から尊敬される

第十回夢・地球交響博ご講演並びにご著書『だから日本は世界から尊敬される』より抜粋

サンマリノ共和国特命全権大使
駐日外交団長
マンリオ・カデロ閣下

—私の国サンマリノについてご紹介します。

サンマリノ共和国は、イタリア半島中部にある、面積六一平方キロメートル、人口三万六〇〇〇人。面積では世界二〇〇カ国のうち、五番目に小さい国です。

歴史は古く建国は西暦三〇一年、敬虔《けいけん》なクリスチャンで石工だったマリノが、ローマ皇帝によるキリスト教迫害から逃れてティターノ山に登り、彼を慕う人々が集まって始まったとされています。建国の父マリノは死後、カトリック教会によって聖人に列せられ、聖（サン）マリノ、つまりサン・マリノとなりました。標高七五〇メートルのティターノ山の中腹から山頂にかけてが国の中心部、山頂に首都サンマリノ市があります。中世からの建造物が残る旧市街はティターノ山と共に世界遺産になっています。

こんな小さな国がなぜ今日まで続いてきたかといえば、まずは、天然の要塞といえる地理的条件が大きかったでしょう。また、国民性が穏やかで結束が固かったからといえると思います。

国のはじめから貴族などいませんから、ヨーロッパ各地のように貴族同士の争いの摩擦が少な

「サンマリノ歴史地区とティターノ山」は世界遺産に登録されている

く仲が良かったのです。そして、決して野心など持ちませんでした。

フランスのナポレオンがイタリアを南下する際に、腹心の部下をサンマリノに派遣し、「特別な贈り物（領土拡張、武器、穀物）をしたい」と持ちかけたときにも、その申し出を断っています。

サンマリノには軍隊はありません。第二次世界大戦のときには

中立国で、イタリア難民一〇万人を受け入れました。当時一万三〇〇〇人ほどの国民がその八倍もの人々のお世話をしたのです。このような国民性が周辺国から信頼されていることも独立の維持に関係したのかもしれません。

穏やかな国民性で治安がいいので、家に鍵をかけなくても大丈夫。女性の平均寿命世界一は日本ですが、男性の平均寿命世界一はサンマリノです。

料理は典型的な地中海料理で、オリーブオイルを使った魚、肉料理、食物繊維豊富な野菜、そしておいしいワインがあります。坂道が多いのでその上り下りなどでよく歩きます。医療費が無料なので病院にも行きやすいということもあるでしょう。

日本への信用

サンマリノは免税の国で、観光客が非常に多い。平和で治安が良く、世界の人がショッピングに訪れますが、一番たくさん売れるのがメイドインジャパンです。

日本の商品は高品質で長持ちだから信用できると評判がいい。つまり日本の商品が観光客の呼び水にもなっているので、サンマリノの経済が成り立っているのは日本のお蔭でもあります。

私がジャーナリストだった頃、ヨーロッパのビジネスマンから、服部時計の中身を毎月何百万個も買いたいと相談され、社長に紹介しました。社長は大変喜んだけれど、「ありがたいけれど売れない」といわれました。

理由は「ヨーロッパではまだアフターサービスができるようになっていない。壊れたら修理できずにお客様に迷惑をかけるから、その体制ができるまでは売れない」というものでした。ビジネスマンは非常に驚いていました。

日本は相手を非常に大切にします。儲けだけではない、つきあいや義理と人情が日本にはまだ残っているのです。

私が日本に魅了された理由

イタリア北部のシエナで生まれた私の少年時代、父の書斎には、古い日本のことを書いた書物がありました。今もイタリアの実家に残っています。日本の歴史の本なのですが、今から振り返れば極めて簡単なものでした。

パリの大学に進みましたが、その間にアジア、特に日本に関してのいろいろなリサーチができたのですが、日本の文化はとても魅力的だなと思いました。

そして、調べれば調べるほど日本という国への興味は膨らむ一方で、神秘的な国だと思うようになりました。

初めて日本の土を踏んだのは、一九六四年の東京オリンピックのときです。そして、一九七五年、ジャーナリストとして再び東京に来ました。

アジア各国にも行きましたが、日本が一番居心地がいいです。評論家の加瀬英明先生には日本でのお兄さんのように親しくしていただき、現在に至るまで色々教えて頂いています。

日本に来て驚いたのは、日本人が皆まじめによく働くことです。そのことが世界の信用を得ています。それは国の財産だと思います。

日本文化のシンボル「神道」

日本についての「一番の印象は?」と聞かれたら、私は神社と答えます。私は神社が大好きです。神社に行くと心が穏やかになって落ち着きます。これまで、九州・沖縄から東北まで約五〇社の神社を巡ってきました。

神宮を頂点とする神社に神様をお招きし、お鎮《しず》まりいただいて、神様にご奉仕することを旨とする「神道」は、私たち外国人からみると非常にエキゾチックであり、日本の文化と日本人の精神性を示すシンボルといえると思います。

神道は、日本人の暮らしの中から生まれた信仰です。遠い昔から、日本人は稲作や農業・漁業を通じて、自然とともに暮らしてきました。

神社には日本の心が宿っています。日本は本当に美しい国です。その美しさは神社のお蔭でもあると思います。

神社に参拝して、神道という宗教の素晴らしさに触れた私にとって、ヨーロッパに神社がないのは寂しかったのです。

数は少ないけれども、アメリカやハワイ、南洋諸島など、世界の各地に神社はありますが、ヨーロッパにはほとんどありません。

イタリアには一万二〇〇〇人余の日本人が住んでいるのに、神社がないのはもったいない。ですからサンマリノに神社をつくろうと思ったのです。

ヨーロッパで初の神社本庁公認神社が建立される

二〇一四年六月、ヨーロッパで初めて、日本の神社本庁が認めた本格的な神社が建立されます。その神社を我が国・サンマリノ共和国に建立できたことは誠に光栄です。

数年前から神社本庁にご相談しながら、神社造営の計画を進め、造営資金は金貨の発行によって集められました。

サンマリノは、切手やコインの発行で有名です。二〇〇七年に、世界最古の君主国日本との友好を記念して、日本の古く豊かな歴史、伝統、文化を称える趣旨の記念金貨を造りました。その売り上げを神社造営資金に充てる計画を立てたのです。

金貨は二枚組で、それぞれ表には神武天皇と橿原神宮《かしはらじんぐう》を、裏にはサンマリノ共和国の国章を刻印しています。五〇〇〇セットが発行され、世界中で販売されましたが、その鋳型《いがた》は壊しました。つまり、もう二度とつくることのできない限定品です。

伊勢神宮のご神体である天照大神がサンマリノの神社の御神体となります。

また、神職はどうするのかという質問を受けたのですが、実は、神主さんになりたいというサンマリノ在住のイタリア人がいて、日本で研修を受けた後、奉職《ほうしょく》しています。彼の名はフランチェスコ・ブリガンテといいます。

建材は日本で調達して船で運び、日本の宮大工さんをサンマリノに呼んで現地で組み立てました。

世界の人びとに神社の素晴らしさ、神道の素晴らしさ、そして日本文化の素晴らしさを知ってほしい。神社ができることで、ヨーロッパに日本のイメージがより広がるものと期待しています。

世界最古の君主国・日本

広いヨーロッパのなかで、サンマリノに神社が建つということの意義は深いと思います。現存する国々のなかで、日本は最古の君主国、サンマリノは最古の共和国だからです。

もちろん、日本はサンマリノより古い。しかも日本は、神武天皇の建国の前、はるか遠く神話の時代にまでつながっている国であって、このことは素晴らしいことです。

ところが、日本の若者に聞くと、神武天皇を知らない人が多い。自分の国のことよりも、アメリカについての方が詳しい。これはとても残念なことです。いくら戦争に負けたとはいえ、いまの日本の〝アメリカ化〟傾向は度が過ぎていると私は残念でなりません。学校教育とマスメディアがおかしいのではないでしょうか。まず教科書にちゃんと神武天皇のことを書いて教えなければ話になりません。

ヨーロッパでは、どの国も学校でギリシャとローマについて教えています。なんといってもこれらがヨーロッパの基礎をなしているからです。とくにギリシャ神話については皆よく知っています。神話は民族の文化であり、歴史の元であり、財産なのです。これを大切にしない国はやがて亡びるでしょう。

世界には神話もないし歴史も浅いという国がたくさんあるのに、立派な神話があり長い歴史がある国に生れたことがいかに幸せなことか。いまの日本人にはもっと自分の足元を見つめてほしいと思います。

世界中が憧れる日本の文化

私が決定的に日本という国に尊敬の念を抱く契機となったのは一九六四年、東京オリンピックのために来日をしたときです。

大学生だった私は、前述したように日本に関する書物を読み、日本に深い興味を持っていました。ちょうど、戦後の高度経済成長の波に乗って、すごいスピードで発展している真っ最中でしたが、親切心や道徳心の高さは書物の中で見知っていたそれと、少しも変わっていませんでした。あるとき、路上で突然腹痛に見舞われへたり込んでしまった私に、ひとりの男性が駆け寄ってくれました。お互い言葉がわからず身振り手振りの中で、私の急病に気付いてくれたばかりか、病院に連れていき、治療が終わるまで待っていてくれました。

また、いたるところで出会う日本人は、「飯でも食べていきなよ」と、見ず知らずの得体のしれない外国人を自宅に招いてくれました。このほかにも親切にされ、丁寧にもてなされた例は枚挙にいとまがありません。

それからトータルで四〇年近くになります。私は日本の歴史と文化を学ぶうちに、日本は二一世紀の世界にとって規範となる国だと確信するようになりました。

東日本大震災のとき、日本人の規律、勇気を世界が賞賛したことはその現れです。世界中の人々が被災者の気高い振る舞いに感動し、大企業から小学生まで献金を惜しみませんでした。これは日本が世界中に、たくさんの友人を持っていることを示しました。日本はそれまで久しく世界中にその善意を援助という形で表し続け、多くの良い影響を世界に与えてきました。そのことを人々は忘れていなかったのです。

巨大な天災に襲われた時は、どんな大国でも、たとえイギリスやフランスなどの先進国でさえ、略奪や暴動などの混乱が起こるものです。ところが、日本ではあの悲惨な状態のなかで、老若男女の被災者たちが謙譲《けんじょう》の美徳を発揮してお互い譲り合いました。これは世界からみればまさに奇跡のような光景でした。

二六〇〇年以上の日本民族の歴史が紡《つむ》いできた日本の国柄、和の心の素晴らしさを世界は目《ま》の当りにしたのです。私は、今日、そしてこれからの世界が最も必要としているのは、この「和の心」だと思います。

日本は戦争でとても苦しんだけど、世界のナンバーワンになれる。ネバーギブアップで頑張っている。それはライフスタイルである神道の教えがあるからです。

敵でも最後は許していく、あんなに酷い戦争をしたアメリカとも日本はベストフレンドです。このように日本人は和を大切にし、自己主張を抑制して譲り合う精神を今日に至るまで保ってきました。

これこそ、今日の世界に最も必要な精神ではないでしょうか。

日本とサンマリノとの最初の接触は、一六世紀の天正遣欧少年使節で、中浦ジュリアンや伊東マンショらがサンマリノに入ったと思われます。

彼らは立派な〝大使〟役を果たしました。当時一三〜一四歳の少年たちは、船の行きかえりのなかで必死に勉強していました。彼らは日本が戦国時代だった一六世紀に東シナ海、南シナ海、インド洋、そして大西洋を帆船で渡り、じつに一〇年近くもの時間をかけて極東の日本とヨーロッパとを往復し、双方の文化や文明を伝えたのです。

国際化が叫ばれ、交通や通信の手段が格段に進歩した現代にあっても、こんなに勇気と行動力がある人はめったにいません。私はサンマリノ大使として、そして現在は駐日大使全一五三カ国を代表する「駐日外交団長」として、各国と日本の友好親善のために尽くしていますが、その活動の原点はマンショたちにあるといっても過言ではありません。

日本は世界の平和と調和、福祉から経済発展でもリーダーになれる国だと考えています。なぜならば、どんな困難にも敢然と立ち向かい、不屈の精神でそのたびに乗り越えてきた経験があるからです。このような国は現代社会において日本以外にありません。

偉大な国、日本。私もこの国を尊敬する世界の住人のひとりです。

天皇誕生日の茶会の儀に参列　外交団長として祝賀スピーチをされるマンリオ・カデロ大使

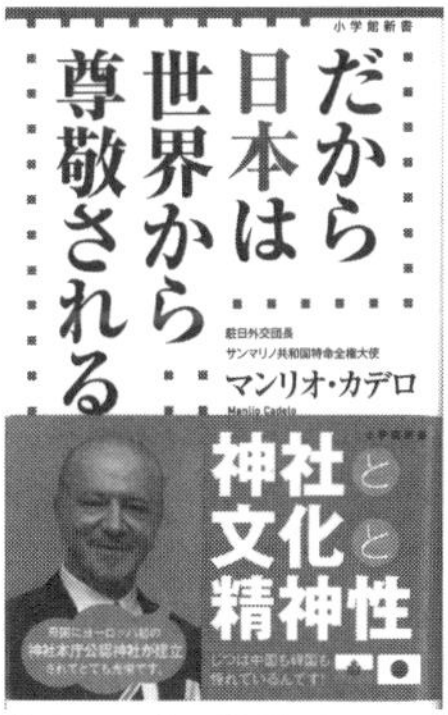

『だから日本は世界から
尊敬される』小学館

サンマリノ共和国　マンリオ・カデロ　特命全権大使
イタリア・シエナ生まれ。
昭和50年（1975年）、来日し東京に在住。平成元年（1989年）、駐日サンマリノ共和国領事に任命され、平成14年（2002年）、特命全権大使となる。聖アガタ騎士勲章を始め多くの勲章を受章。平成23年（2011年）、駐日外交団長に就任。東京国際大学特命教授。7カ国語を操り、日本語も流暢に話す。日本人以上に日本への造詣が深い。著書『だから日本は世界から尊敬される』（小学館/2013.6.2）では、世界が憧憬の眼差しを向ける日本の文化を外国人の目から分析、もっと自信を持つように提言する。

あとがき

はじめにも述べさせていただきましたが、一万年以上も続いた縄文文明を解明し、しかも、縄文人の精神観に踏み込むということは、文中でも述べたように衣食住をはじめさまざまな要因を複合的に洞察と推理と仮説のもと深い瞑想にはいり、ジグゾーパズルを完成させる作業のごとく霊智を働かせねば到底《とうてい》できなかったでしょう。

文中でもたびたび述べましたが、あえて誤謬《ごびゅう》や批判を顧《かえり》みず踏み込んだのは、縄文時代から育み継承されている日本国と日本人の基底にある「和の文明」というだけでは、あまりにも抽象的で説得力のないものと考えたからです。

よくよく周りを見渡せば万物万象は宇宙の普遍性がもどき化され、シンボル化・モチーフ化・モザイク化されたものの中に、地球も世界も私たちの生活も意識的・無意識的にかかわらずあるということです。しかも、一見無秩序のようでも秩序だっているのです。だからこそ、天変地異もやがては収まるところに収まるのです。

しかしながら、万物の霊長といわれる人類だけが、その進化の過程でボタンの掛違いをし、その秩序を見失って制御不能になりつつあり、今、最も大切なものを失おうとしています。

産業革命以降、確かに経済的・物質的・科学的には豊かになりましたが、生命的・精神的・宗教的にはむしろ退化しています。

文明の衰亡とは、歴史の変化の狭間に起こるもので、その時代を生きている人があまりにも多種多様でばらばらな価値に翻弄《ほんろう》されて中心軸を見失ったとき、命脈は途切れ、解体され、滅亡します。まさに今の日本は、今だけ、金だけ、自分だけに愚民化し、解体の末期にあり、次の備えのための胎動を起こさねばなりません。

なぜなら先人たちがこれまでに築きあげてきた、血の滲むような努力と偉業・遺徳に、取り返しのつかない不徳を積み、これまでご苦労されたお年寄り、次世代を背負う子供と若者に顔向けのできない返済不能な負の遺産を渡すことになるからです。

世界中が自国主義・保護主義になりつつある今だからこそ、外的環境に右顧左眄することなく、日本文明の基底にある縄文人の精神観に目覚めた新日本創成の胎動なくして未来はありませんし、第二の精神ルネッサンスを日本から世界に発信すべきです。

今、一万年以上も共尊（祀）・共生（祭）・共育（政）のもと、持続可能社会を作りあげた縄文の神々が早く手を打てよ、と叱咤激励しているのです。

最後に、小生に拙著《せっちょ》を書くことを勧めてくださいました外交評論家の加瀬英明先生と、拙著を推薦してくださいましたサンマリノ共和国駐日特命全権大使　マンリオ・カデロ閣下に、心より感謝させていただきます。

平成二十八年六月一五日　木原秀成　広島本部にて

引用・参考文献（掲載順不同）

◇高天原論究　吾郷清彦（霞ヶ関書房）
◇ホロン革命　アーサー・ケストラー（工作舎）
◇われに還る宇宙　意識進化のプロセス理論　アーサー・M・ヤング　プラブッダ訳（日本教文社）
◇日本の歴史をよみなおす（全）　網野善彦（ちくま学芸文庫）
◇まぼろしの古代尺 高麗尺はなかった　新井宏（吉川弘文館）
◇仏教メソポタミア起源説　R・パール　佐藤任訳（東方出版）
◇甦る生命エネルギー　アレクサンダー・ローエン　中川吉晴・国永史子訳（春秋社）
◇世界女神大全　原初の女神からギリシア神話まで
アン・ベアリング　ジュールズ・キャッシュフォード　森雅子訳（原書房）
◇カミと日本文化　石田一良（ぺりかん社）
◇意識の起源史（上・下）　E・ノイマン　林道義訳（紀伊國屋書店）
◇神話と民俗のかたち　井本英一（東洋書林）
◇十六菊花紋の謎　日本民族の源流を探る　岩田明（潮文社）
◇縄文人に学ぶ　上田篤（新潮新書）
◇縄文人のこころ　上野佳也（日本書籍）
◇照葉樹林文化　上山春平編（中公新書）
◇続・照葉樹林文化　上山春平　佐々木高明　中尾佐助編（中公新書）
◇古代ユダヤは日本に封印された　宇野正美（日本文芸社）
◇人類文明の秘宝『日本』　馬野周二（徳間書店）
◇美意識と神さま　梅棹忠夫（中公文庫）
◇日本文化の構造　梅棹忠夫　多田道太郎（講談社現代新書）
◇日本人とは何か　梅原猛　江上波夫　中根千枝　上山春平（小学館）
◇月の魔力　A・L・リーバー　藤原正彦　藤原美子訳（東京書籍）
◇騎馬民族国家 - 日本古代史へのアプローチ　江上波夫（中公新書）
◇生と再生　M・エリアーデ　堀一郎訳（東京大学出版会）
◇ユダヤと日本　謎の古代史　M・トケィヤー　箱崎総一訳（産能大学出版部刊）
◇タオ自然学　F・カプラ　吉福伸逸　田中三彦　島田裕巳　中山直子（工作舎）
◇月と蛇と縄文人　シンボリズムとレトリックで読み解く神話的世界観　大島直行（寿郎社）
◇人類最古の縄文文明　図解縄文大爆発　大谷幸市（Parade Books）
◇まつり考古学が探る日本古代の祭　大場磐雄（学生社）
◇宇宙と生命の神秘をとく　波動性科学入門　大橋正雄（たま出版）
◇日本神話の起源　大林太良（角川選書）
◇日本神話の構造　大林太良（弘文堂）
◇世界の神話　万物の起源を読む　大林太良（NHKブックス）
◇三内丸山遺跡　復元された東北の縄文大集落　岡田康博（同成社）
◇日本人は爆発しなければならない 日本列島文化論　岡本太郎　泉靖一（㈱アム・プロモーション）
◇精神科医の目から見た宗教と日本人 何を信じて何を疑えばいいのか　小田晋（三笠書房）
◇神道の基礎知識と基礎問題　小野祖教（神社新報社）
◇月と謎の大予言 2018年、もう一つの月が再来する⁉　小笠原邦彦（日本文芸社）
◇神話学入門　カール・ケレーニイ　カール・グスタフ・ユング　杉浦忠夫訳（晶文全書）
◇日本文化のかくれた形　加藤周一　木下順二　丸山真男　武田清子（岩波書店）
◇百済の王統と日本の古代　兼川晋（不知火書房）

◇日本人とアイデンティティ　河合隼雄（創元社）
◇新訂日本民族秘史　マオリとユダヤ人の血は日本人に流れている　川瀬勇（山手書房新社）
◇2017年日本システムの終焉　図表で考える「日本経済」の過去・現在・未来　川又三智彦（光文社）
◇宇宙の意思　人は、何処より来りて、何処へ去るか　岸根卓郎（東洋経済新報社）
◇文明論　文明興亡の法則　岸根卓郎（東洋経済新報社）
◇見えない世界を超えてすべてはひとつになる　岸根卓郎（サンマーク出版）
◇空海のエコロジー思想―マンダラ―　北尾克三郎（プロスパー企画）
◇文明の逆転 脱管理化社会の思想　北沢方邦（第三文明社）
◇ヘレニズムとオリエント―歴史のなかの文化変容―　木戸千之（ミネルヴァ書房）
◇21世紀、世界は日本化する 超先端国・日本の実力　日下公人（ＰＨＰ研究所）
◇【21世紀の地球再生革命】原子転換というヒント　久司道夫（三五館）
◇縄文式頭脳革命　栗本愼一郎（講談社）
◇縄文の力 THE POWER OF JOMON　小林達雄（平凡社）
◇古神道入門 神ながらの伝統　小林美元（評言社）
◇神々の発見 超歴史学ノート　斎藤守弘（講談社文庫）
◇縄文聖地巡礼　坂本龍一　中沢新一（木楽舎）
◇豊かに生きるための人生哲学 二宮尊徳　境野勝悟（致知出版社）
◇DNAでたどる日本人10万年の旅 多様なヒト・言語・文化はどこから来たのか？　崎谷満（昭和堂）
◇宇宙には意志がある ついに現代物理学は、ここまで解明した　桜井邦朋（クレスト社）
◇宇宙の秩序　桜沢如一（日本CI協会）
◇無双原理・易　桜沢如一（日本CI協会）
◇地球誕生神話―謎の九鬼文書「天地言文」より―　佐治芳彦（日本文芸社）
◇謎の神代文字 消された超古代の日本　佐治芳彦（徳間書店）
◇日本神道の謎「今こそ縄文時代の多神教原理を見直せ」　佐治芳彦（日本文芸社）
◇精神世界のゆくえ 現代世界と新霊性運動　島薗進（東京堂出版）
◇文明の衝突　サミュエル・ハンチントン　鈴木主税訳（集英社）
◇ガイアの科学 地球生命圏　J・E・ラヴロック　スワミ・プレム・プラブッダ訳（工作舎）
◇地球意識革命　ジェレミー・リフキン　星川淳（ダイヤモンド社）
◇日本神話の謎を解く 神話形成のプロセスが古代日本及び日本人を浮き彫りにする　重松明久（PHP研究所）
◇日本人になった祖先たち DNAから解明するその多元的構造　篠田謙一（NHKブックス）
◇この国のかたち〔六〕 司馬遼太郎（文藝春秋）
◇日本人が忘れてしまった「日本文明」の真価　清水馨八郎（祥伝社）
◇日本的霊性　鈴木大拙（岩波文庫）
◇隠れたる日本霊性史 古神道から視た猿楽師たち　菅田正昭（たちばな出版）
◇古神道は甦る THE OLD SHINTO　菅田正昭（たま出版）
◇ホーキング、宇宙を語る ビッグバンからブラックホールまで　スティーヴン・W・ホーキング　林一訳（早川書房）
◇日本人の出現 胎動期の民族と文化　諏訪春雄　川村湊（雄山閣）
◇出雲大社 日本の神祭りの源流　千家和比古・松本岩雄（柊風舎）
◇縄文人になる！縄文式生活技術教本　関根秀樹（ヤマケイ文庫）
◇日本の神々の事典　薗田稔　茂木栄（学研）
◇月世界大全 太古の神話から現代の宇宙科学まで　ダイアナ・ブルートン　鏡リュウジ訳（青土社）

◇文明が衰亡するとき　高坂正堯（新潮選書）
◇倭と山窩　田中勝也（新国民社）
◇縄文のメドゥーサ 土器図像と神話文脈　田中基（現代書館）
◇日本語の真実 タミル語で記紀、万葉集を読み解く　田中孝顕（幻冬舎）
◇日本人の行動文法「日本人らしさ」の解体新書　竹内靖雄（東洋経済）
◇「新富裕層」が日本を滅ぼす　武田知弘　森永卓郎（中公新書ラクレ）
◇「竹内文書」が明かす超古代日本の秘密　竹田日恵（日本文芸社）
◇100億年の旅　立花隆（朝日新聞社）
◇脳を究める 脳研究最前線　立花隆（朝日新聞社）
◇日本人の脳 脳の働きと東西の文化　角田忠信（大修館書店）
◇日本文化の源流 日本的霊性と語源の研究　津田元一郎（国書刊行会）
◇ビジュアル版 縄文時代ガイドブック　勅使河原彰（新泉社）
◇「国民の祝日」の由来がわかる小事典　所功（PHP新書）
◇天皇の人生儀礼　所功（小学館文庫）
◇縄文　戸田哲也（光文社文庫）
◇フラット化する世界（上・下）経済の大転換と人間の未来　トーマス・フリードマン　伏見威蕃訳（日本経済新聞社）
◇ギリシア・ローマ神話　トマス・ブルフィンチ　大久保博訳（角川文庫）
◇言霊ーホツマー THE WORD SPIRIT 鳥居礼（たま出版）
◇森のバロック　中沢新一（せりか書房）
◇未来学原論　21世紀の地球との対話　仲小路彰（国書刊行会）
◇日本人の忘れもの　中西進（ウェッジ）
◇国民の文明史　中西輝政（産経新聞社）
◇生命誌の扉をひらく 科学に拠って科学を超える　中村桂子（哲学書房）
◇国民の歴史　西尾幹二（産経新聞社）
◇善の研究　西田幾多郎（岩波文庫）
◇国民の道徳　西部邁（産経新聞社）
◇生の緒 縄文時代の物質・精神文化　ネリー・ナウマン　檜枝陽一郎訳（言叢社）
◇星の神話傳説集成 日本及海外篇　野尻抱影（恒星社）
◇密教のすべて　花山勝友（PHP研究所）
◇「日本封じ込め」の時代　原田武夫（PHP新書）
◇性と日本人 日本人の歴史第一巻　樋口清之（講談社文庫）
◇秘密の日本史　樋口清之（祥伝社/キヨスク・フェア）
◇新国家論 まっとうな日本を創るために　平沼赳夫（中央公論新社）
◇潜象科学と文明の大転換　深野一幸（廣済堂）
◇地球文明の超革命　宇宙エネルギーが世界を変える　深野一幸（廣済堂）
◇21世紀は宇宙文明になる 地球と人類が進化する　深野一幸（同朋舎）
◇古事記・日本書紀　福永武彦訳（河出書房新社）
◇日本先史文化入門ー人と自然と日本とー　藤則雄（雄山閣）
◇地球学　長寿命型の文明論　松井孝典（ウェッジ）
◇曼陀羅 ー色と形の意味するものー　松長有慶（大阪書籍）
◇形而上学入門　マルティン・ハイデッガー（平凡社）
◇人間生命の誕生　三木成夫（築地書館）
◇日本人を考える　歴史・民俗・文化　宮本常一（河出書房新社）
◇日本文化の形成〔上・中・下〕　宮本常一（ちくま学芸文庫）
◇生命の暗号　あなたの遺伝子が目覚めるとき　村上和雄（サンマーク出版）

◇天皇アラブ渡来説　天孫民族六千年史の研究　八切止夫（日本シェル出版）
◇東洋の心 安岡正篤、若き日のエッセイ・評論　安岡正篤（黎明書房）
◇人間の歴史1～6　安田徳太郎（光文社）
◇阿字観瞑想入門　山崎泰廣（春秋社）
◇山崎泰廣講伝 伝授録【全三巻】　山崎泰廣（春秋社）
◇日本人とは何か。　山本七平（祥伝社）
◇日本を開く歴史学的想像力 世界史の中で日本はどう生きてきたか　湯浅赳男（新評論）
◇神々の誕生　日本神話の思想史的研究　湯浅泰雄（以文社）
◇古代人の精神世界　湯浅泰雄（ミネルヴァ書房）
◇アマテラスの原像　スキュタイ神話と日本神話　吉田敦彦（青土社）
◇石が語り始めた超古代日本の謎　超古代日本は世界の臍だった　吉田信啓（文化評論出版）
◇岩刻文字の黙示録　吉田信啓（徳間書店）
◇先史海民考　吉田信啓（中央アート出版社）
◇扇　性と古代信仰　吉野裕子（人文書院）
◇陰陽五行と日本の民俗　吉野裕子（人文書院）
◇日本人の死生観　生蛇信仰の視座から　吉野裕子（講談社現代新書）
◇南方熊楠の学際的研究プロジェクト報告書　横山茂雄（株式会社新踏社）
◇生命潮流　来たるべきものの予感　ライアル・ワトソン　木幡和枝　村田恵子　中野恵津子（工作舎）
◇生命40億年全史　リチャード・フォーティ　渡辺政隆（草思社）
◇レスター・ブラウンの環境革命　レスター・R・ブラウン　松野弘（朔北社）
◇青森縄文王国　新潮社編（新潮社）
◇伊勢と出雲の神々　皇學館大学　島根県立古代出雲歴史博物館編（学生社）
◇井戸尻の縄文土器1・2 （株式会社テクネ）
◇面白いほどよくわかる宇宙の大疑問　壺内宙太とスペース探査室（河出書房新社）
◇縄文図像学Ⅰ表象の起源と神話像　縄文造形研究会編著（言叢社）
◇縄文図像学Ⅱ仮面と身体像　縄文造形研究会編著（言叢社）
◇縄文文化の扉を開く―三内丸山遺跡から縄文列島へ―　国立歴史民俗博物館
◇新図説 真脇遺跡 （石川県能登町教育委員会）
◇歴史読本 完全検証『古事記』『日本書紀』（新人物往来社）
◇山と日本人　民俗文化研究所（夕刊フクニチ新聞社）
◇梅原猛著作集
◇鹿島昇著作集
◇山内清男著作集
◇渡部昇一著作集
◇木原秀成著作集

著者紹介

木原秀成（きはらしゅうせい）

1945年大分県生まれ。

1984年7月21日・1985年11月20日の２回にわたる「真言密教の宗祖・弘法大師　空海様」との不思議な霊的結縁により、霊能預知預言能力を授かり衆生済度の道に入る。

1982年頃より日本国存亡の危機を予測し、地球社会の未来創造のため、宇宙本位(コスミカリズム)の視座から、国籍・宗教・文化・哲学・地政学・自然科学・社会学・思想などあらゆる専門分野を総合的に研究し、人類圏・地球圏の枠組みを越えた宇宙圏からの新しいユニバーサル的価値観の創造を公表する。

1992年から宇宙本位（コスミカリズム）そのものである、宇宙森羅万象の普遍性「むすひ（多様性の融和＝日本的霊性）」を礎に、日本十二単衣共生文明・文化にもとづく祀祭政一致のもと、日本人をしあわせにする共尊・共生・共育の９つの立国構想を提唱。2000年に国づくり人づくり運動を決起し、2005年から本格的に推進しており、同じ志のある政治家・経営者・学者・医者・教育者・ビジネスマン・主婦と、幅広い賛同者が全国に広がりつつある。

人間の運命の法則を、心理学・大脳生理学・科学・波動学・分子生物学・仏教唯識学・ヨガなど、また、真言密教の教義・行法をはじめ、滝行・断食行・瞑想などさまざまな分野を実践・研究し、わが国で初めて宇宙の真理から科学的・学術的・具体的に体系化した、「ＣＭＦ運命創造学」を確立。これまでに延べ10000人以上に教授し、4000人以上の運命指導をする。

2014年には、長年の社会福祉活動の功績が認められ、聖マウリツィオ・ラザロ騎士団より騎士（ナイト）として叙任され、勲章を受ける。聖マウリツィオ・ラザロ騎士団は、マルタ騎士団、チュートン騎士団などと並ぶ古い歴史を誇り、過去には明治天皇、大正天皇、昭和天皇をはじめ、山縣有朋、伊藤博文などの政府要人も叙任されている。

檄シリーズ　壱・弐・参・三

宇宙的地球時代の視座から祀祭政一致の日本文明･文化の根源性に立ち還る、国づくり人づくりのための魂の檄書。

檄シリーズ手引書　Ⅰ・Ⅱ・Ⅲ

今こそ、生活安全保障と危機管理のための行動を起こす時。これからの国づくり（生活づくり）人づくり（自分づくり）の未来をひらく羅針盤がここにある！

祀祭政一致の誇れる国　日本

檄書のコンパクト版で、いつでもどこでも手にして読んでいただける。特に若者にお薦め。

前門の禿鷹　世界経済植民地化戦争で世界は１９裂きに
後門の虎狼　日本経済植民地化競争で
日本も22裂き・１６裂きにされる

世界秩序統一機構イルミナティが、仕組み仕掛けている虚飾の豊かさに溺れさせられて世界も日本も沈没の危機にある。信じる信じられない、ではなく現実に進行している。もう、ほっとけない！

日本十二単衣共生文明・文化のもと
国づくり人づくりビッグバンを起こせ

ほとんどの日本人が気づいていない。新世界秩序統一機構イルミナティが、仕組み・仕掛けている世界と日本の歴史的事件の表裏を考察し、彼らがあらゆる戦略戦術を駆使して、どのように深謀を実行してきたかを検証し、いかにしてそれを回避すべきかの救国のための預言の書である。

未来創造産業のためのしあわせ産業革命

日本文明・文化の礎である「祀祭政」のもと「理念」と「産業」と「流通」の三つを融合させた独自の理論で、流通産業の原点回帰であるとともに、十二単衣共生型の「日本商道」そのものである。

本書にかかわるお問い合わせは、
一般財団法人国づくり人づくり財団
〒730-0014　広島県広島市中区上幟町10-7
第三光ビル2階
電話：082-211-0925　ファクス：082-222-0430
http://kunidukuri-hitodukuri.jp
info@kunidukuri-hitodukuri.jp
までご連絡ください。

[著者紹介]

木原秀成（きはら・しゅうせい）

1945年大分県生まれ。

1984年7月21日・1985年11月20日の2回にわたる「真言密教の宗祖・弘法大師　空海様」との不思議な霊的結縁により、霊能預知預言能力を授かり衆生済度の道に入る。

1982年頃より日本国存亡の危機を予測し、地球社会の未来創造のため、宇宙本位（コスミカリズム）の視座から、国籍・宗教・文化・哲学・地政学・自然科学・社会学・思想などあらゆる専門分野を総合的に研究し、人類圏・地球圏の枠組みを越えた宇宙圏からの新しいユニバーサル的価値観の創造を公表する。

1992年から宇宙本位（コスミカリズム）そのものである、宇宙森羅万象の普遍性「むすひ（多様性の融和＝日本的霊性）」を礎に、日本十二単衣共生文明・文化にもとづく祀祭政一致のもと、日本人をしあわせにする共尊・共生・共育の9つの立国構想を提唱。2000年に国づくり人づくり運動を決起し、2005年から本格的に推進しており、同じ志のある政治家・経営者・学者・医者・教育者・ビジネスマン・主婦と、幅広い賛同者が全国に広がりつつある。

和の文明の源郷　縄文《じょうもん》

2016年10月1日　　　　第1刷発行

著　者　木原秀成
発行者　唐津 隆
発行所　株式会社ビジネス社
〒162-0805　東京都新宿区矢来町114番地 神楽坂高橋ビル5F
電話　03(5227)1602　FAX　03(5227)1603
http://www.business-sha.co.jp

〈デザイン〉エムアンドケイ　茂呂田剛
〈印刷・製本〉シナノ パブリッシング プレス
〈編集担当〉本田朋子　〈営業担当〉山口健志

ISBN978-4-8284-1909-1